Heinrich Metzner

Geschichte des Turner-Bundes

Heinrich Metzner

Geschichte des Turner-Bundes

ISBN/EAN: 9783743308213

Hergestellt in Europa, USA, Kanada, Australien, Japan

Cover: Foto ©ninafisch / pixelio.de

Manufactured and distributed by brebook publishing software (www.brebook.com)

Heinrich Metzner

Geschichte des Turner-Bundes

Geschichte

— des —

Turner - Bundes.

Von Heinrich Metzner.

Gedruckt in der Office der „Zukunft,"

Indianapolis, Indiana.

1874.

I.

Seitdem die ersten Turnvereine in den Vereinigten Staaten gegründet wurden, ist ein Vierteljahrhundert verflossen und es ist jetzt wohl am Platze, auf die Anfänge und die allmähige Entwickelung des hiesigen Turnwesens zurückzublicken und die manichfachen Kämpfe und Widerwärtigkeiten, welche die Turnvereine zu bestehen hatten, ihre Bestrebungen und Erfolge, sowie die Gründung des Turnerbundes und die verschiedenen Gestaltungen, denen derselbe im Laufe der Zeit unterworfen war, noch einmal geistig zu durchleben.

Nur vereinzelt finden sich jetzt noch die Männer in den Reihen der Turner, welche als die Pioniere der deutsch-amerikanischen Turner, die ersten Turnvereine hier gründeten. Manchen, der bis zu seinem letzten Augenblicke ein treuer Freund der Turnsache war, hat der Tod aus seinem Wirkungskreise gerissen; die größere Zahl jedoch ist, müde des steten Kampfes oder abgestumpft und gleichgültig geworden gegen das Ideal ihrer Jugend, aus den Reihen der Genossen ausgetreten. Doch die Ideen sterben nicht mit ihren Trägern, giebt sie der Eine Preis, Andere nehmen sie auf. Neue Kräfte treten an die Stelle der alten und setzen das Werk fort, so auch im Turnerbunde. Die Zahl der Unterstützer und Förderer der Turnerei mehrte sich, wenn auch langsam, doch stetig, und überwiegt die Zahl der Zurücktretenden. Es liegt jedoch eine Gefahr für die Tendenz des Turnerbundes in dem fortwährenden Wechsel, welcher in den Turnvereinen stattfindet. Neu hinzutretende Kräfte, wenn nicht durchdrungen von dem Geiste, der das Ganze beseelen sollte, werden mehr ihre eignen persönlichen Anschauungen und Ideen zur Geltung zu bringen, als im Sinne der Gründer des Bundes das Werk zu fördern suchen. Die Geschichte des Bundes giebt uns in dieser Beziehung hinlänglich Beweise. Wir sehen, daß mehr Gewicht bald auf diese, bald auf jene Frage gelegt, daß bald die eine Richtung: die Ausbildung des Körpers, bald die andere: Pflege des Geistes, mehr in Angriff genommen wird; daß bald eine politische Agitation, bald eine gänzliche Erschlaffung auf diesem Felde die Oberhand gewinnt, und nur in einzelnen Perioden, daß das Streben auf allen Gebieten in gleiche Linie gestellt und zu b arbeiten versucht wird.

Diese Widersprüche sind eine Folge der Unklarheit über die Zwecke des Turnerbundes, der man so häufig, selbst in turnerischen Kreisen, begegnet, und der Unkenntniß seiner Vergangenheit, seiner Geschichte. Der später eingewanderte Turner sieht in den Turnvereinen nur das, was er in dem letzten Jahrzehnt in Deutschland gewohnt war, darin zu sehen: Institute der körperlichen Ausbildung, ohne den hiesigen Verhältnissen Rechnung zu tragen, der hier erzogene, je nach dem Grade seiner Erziehung oder Neigung

Vergnügungs- oder Unterstützungsanstalten, Schulen u. s. w. In diesem so häufig zu Tage tretenden Zwiespalt liegt auch die Ursache, daß der Turnerbund nicht die Stellung einnimmt, die er hinsichtlich seiner Grundsätze und seiner Stärke einnehmen sollte.

Es mangelte in den Vereinen, sowohl als bei den oberen Behörden die consequente, nach einem Ziele strebende, einheitliche Leitung. Ein Schwanken, wo es sich um ausgesprochene Grundsätze handelt, ein Vor- oder Rückwärtsgehen, wie es in der Neigung der gerade an die Spitze gestellten Männer lag, konnte keine Achtung und allgemeine Anerkennung erzwingen und deshalb sehen wir auch nach fünfundzwanzigjährigem Bestehen nicht die Erfolge, die man sicher erwarten durfte, wenn ein richtiges Verständniß, neben dem so allgemein sich zeigenden guten Willen, vorhanden gewesen wäre.

Eine Kenntniß der Geschichte des Turnerbundes wird mit dazu beitragen, eine klare und bestimmte Anschauung und Auffassung der Bestrebungen und Ziele der deutsch-amerikanischen Turnerei zu ermöglichen und da wo jetzt nur persönliche Ansicht vom Turnwesen bei der Leitung maßgebend ist, wird das Gefühl der Verantwortlichkeit mit hinzutreten. Eine Verantwortlichkeit, die Jeder übernimmt, der an die Spitze des Vereinslebens berufen wird und die ihm sagt, daß er Pflichten zu erfüllen hat, die nicht allein in der gerade herrschenden Geschmacksrichtung seines Vereins beruhen, sondern auch in der Vergangenheit wurzeln, und daß man einem Verein des Nord-Amerikanischen Turnerbundes, und diesem selbst nicht alljährlich ein neues Gewand geben oder heute nach dieser Richtung und morgen nach jener steuern kann.

Politische Programme und Platformen erleiden im Laufe der Zeit Abänderungen und Modificationen, wie es der fortschreitende Geist der Zeit verlangt, und Ideen, welche vom Rade der Zeit überholt wurden, noch festhalten wollen, hieße sich das eigene Grab graben; Grundsätze jedoch, welche keine bloßen Fragen einer gewissen Periode, sondern, wie sie in dem Grundgesetze des Turnerbundes niedergelegt sind, die Veredlung und Humanisirung der Menschheit bezwecken, unterliegen keiner Wandlung und erhalten nie ihre vollständige Verwirklichung; denn stets werden der fortschreitenden Entwicklung neue Hindernisse entgegentreten und der Kampf der Freiheit mit der Unterdrückung des Rechts mit dem Unrecht, der Wahrheit mit der Lüge, der Aufklärung mit dem Aberglauben, der Selbstlosigkeit mit dem Egoismus nie aufhören.

Nachstehende Zeilen haben den Zweck, die Entwicklung des Turnwesens in den Vereinigten Staaten von seinem Anfange an bis in die gegenwärtige Zeit zu verfolgen, als ein Beitrag zur Kenntniß des Turnwesens überhaupt und der leitenden Ideen, denen der Turnerbund seine Existenz verdankt. Eine Geschichte des Turnerbundes zu schreiben, ist keine so leichte Aufgabe, und öfters wird der freundliche Leser Nachsicht üben und den guten Willen für die That nehmen müssen, denn das vorhandene Material ist nur ein sehr spärliches. Trotzdem wird die Arbeit, selbst wenn sie hie und da lückenhaft sein sollte, eine wirkliche Lücke in der sonst so überaus reichen turnerischen Literatur ausfüllen. Ernstes Forschen, gestützt auf strenge Unpartheilichkeit, werden der ganzen Arbeit zur Grundlage dienen.

Mit dem Entstehen der ersten Turnvereine in den Jahren 1848 1849 entstand zugleich die Idee, eine engere Verbindung unter ihnen herzustellen, welche alle fortschrittlichen Elemente der deutschen Einwanderung in sich vereinigen konnte, um die deutsche Turnerei, welche im weitesten Sinne aufgefaßt wurde, allmählig über alle Staaten der Union zu verbreiten und eine Grundlage zu gemeinsamen Handeln zu gewinnen. Einen bestimmten Ausdruck erhielt diese Idee in einer am 15. Juli 1850 im New Yorker Turn-Verein (damals den Namen „Socialistischer Turnverein" führend) gehaltenen Versammlung, in welcher die Gründung eines Turnerbundes beschlossen und zugleich ein Statutenentwurf festgesetzt wurde. Dieser Entwurf, das erste auf den Turnerbund bezügliche Dokument, möge hier eine Stelle finden, um so mehr da es kurz und bündig, gerade auf das Ziel lossteuernd, zugleich den damals herrschenden Geist der neuen deutschen Emigration trefflich illustrirt. Es lautet:

„§ 1. Die Verbindung nennt sich ✳ Socialistischer Turnerbund.

§ 2. Der Zweck des Bundes ist, neben den körperlichen Turnübungen, dem geistigen und materiellen Drucke entgegen arbeitend, wahre Freiheit, Wohlstand und Bildung für alle Klassen nach Kräften zu befördern.

§ 3. Der Bund handelt gemeinschaftlich mit allen Vereinen, die mit ihm gleicher Gesinnung sind."

(Es wurde also schon eine umfassende Agitation in Aussicht genommen.)

„§ 4. Es ist die Pflicht jedes Mitglieds im Turnerbund, dahin zu wirken, daß neue Vereine in den Vereinigten Staaten gegründet werden.

§ 5. Der Socialistische Turnerbund tritt mit dem demokratischen Turnerbunde in Deutschland in Verbindung."

Dieser Entwurf wurde mit einem Aufrufe veröffentlicht und veranlaßte eine ausgedehnte Correspondenz zwischen den damals bestehenden, freilich nicht sehr zahlreichen Turnvereinen, die jedoch alle ihre Bereitwilligkeit erklärten, den neuen Bund zu unterstützen.

Ein weiterer Schritt zur Gründung des Turnerbundes wurde in einer Versammlung im Shakespeare Hotel, dem damaligen Hauptquartier des liberalen Deutschthums, am 22. August dess. Jahres gethan, indem die Delegaten der zwei damals in New York bestehenden Turn-Vereine (des Socialistischen Turnvereins und der Turngemeinde) und des Williamsburgher Turnvereins zusammentraten, um über den vom Soc. Turn-Vereine verfaßten Entwurf zu berathen. In dieser Versammlung wurde die Feststellung des Namens vorläufig verschoben, der Entwurf jedoch im Allgemeinen gutgeheißen und ein Committee zur weiteren Agitation ernannt.

Es ist hier nothwendig einige Worte einzuschalten über die damaligen turnerischen Verhältnisse in New York und dem Bestehen zweier Vereine daselbst. Die N. Y. Turngemeinde, welche im Jahre 1848 gegründet wurde und in jeder Beziehung die tüchtigsten Kräfte in sich vereinte, zeigte wider alle Erwartung schon im zweiten Jahre ihres Bestehens bedenkliche Zeichen politischer Erschlaffung, welches die Unzufriedenheit vieler Mitglieder erregte, die ganz im Sinne der damaligen neueren Emigration eine umfassende Agitation auf allen Gebieten des Fortschritts verlangten. Die Folge dieses Zwiespaltes war der Austritt von sechsunddreißig Mitgliedern und die Gründung eines neuen, des Socialisti-

schen Turnvereins. Die dadurch entstandenen Reibereien und Anfeindungen
verhinderten häufig ein gemeinsames
Wirken und hatten Mißhelligkeiten im
Gefolge, welche nicht nur störend auf die
erste Entwicklung des Turnwesens in
New York einwirkten, sondern sich auch
später, ja noch lange nach erfolgtem Ein-
gehen der Turngemeinde, fühlbar machten. Bei der beabsichtigten Gründung
eines Bundes schien es, als wollten die
zwei Vereine die Streitaxt begraben, doch
erwies sich diese Hoffnung als falsch, da
die Turngemeinde sich, außer bei den
Vorarbeiten, nicht am Bunde betheiligte.

Im Einverständnisse mit den, betreffs
Gründung eines Bundes gleichgesinnten
Vereinen, wurde auf den 5. Oktober dess.
Jahres eine Tagsatzung nach Philadelphia berufen, welche außer von den zwei
New Yorker Vereinen, von Baltimore,
Boston, Philadelphia und Wallabaut
beschickt wurde. Die Verhandlungen dieses ersten Turntages waren nicht so einhel-
lig, als man nach den Vorberathungen
erwarten durfte; besonders fand die politische Thätigkeit des Bundes eine heftige
Opposition durch A. Frank, Delegat der
N. y. Turngemeinde, welcher durch
Schwarzwälder von Boston unterstützt
wurde. Nichtsdestoweniger wurde mit
verhältnißmäßig großer Majorität folgende Platform angenommen:

Platform der vereinten Turnvereine
von Nordamerika.

Die vereinigten Abgeordneten der ersten Turnertagsatzung in Nordamerika erkennen als obersten und leitenden Grund-
satz des Turnerbundes an: Die Beförderung des Socialismus und der Bestrebungen der social - demokratischen
Parthei. Sie sind daher der Ansicht,
daß es bei der körperlichen Ausbildung
des Menschen mit im Hauptzweck der ver-

einigten Turngemeinden liege, sich am
jetzigen Kampfe zur Erstrebung der voll-
kommensten Unabhängigkeit des Einzelnen, (wie sie die social-demokratische Parthei zu erreichen sucht) mit ganzer Kraft
zu betheiligen.

Da durch Stimmengleichheit kein Resultat im Bezug auf den Namen des
Bundes erzielt werden konnte, so wurde
die Entscheidung darüber der Turngemeinde in Cincinnati anheimgestellt,
welche, obwohl nicht durch einen Delegaten vertreten, ihre Bereitwilligkeit, dem
Bunde beizutreten, schon vorher brief-
lich angezeigt hatte. Die Satzungen der
„vereinigten Turnvereine
Nordamerikas", wie der provisorische Name lautete, bezogen sich größtentheils auf die Organisation des Bundes,
und auf das Verhältniß der Vereine zu
demselben. Die Selbstständigkeit der
Vereine wurde möglichst gewahrt; je 50
Mitglieder, oder ein Bruchtheil derselben,
hatten eine Bundesstimme; ein Verein
konnte jedoch nicht mehr als fünf Stimmen erlangen Für je eine Stimme
mußte ein Eintrittsgeld von $3 entrichtet
werden. Die Bestimmung eines vierteljährigen Beitrags wurde auf die nächste
Tagsatzung verschoben. Besonders bemerkenswerth sind folgende Bestimmungen, welche bezeugen, daß man, trotz des
kleinen Anfangs, doch schon die weitge-
hendsten Pläne für den Bund in Aussicht
genommen hatte:

„Nur die Hälfte der eingehenden
Gelder kann zu gewöhnlichen Bundeszwecken verwendet werden. Die
andere Hälfte wird zur Anlage eines Grundstockes benützt. Dieses
so lange, bis der Grundstock eine
Summe von $2000 erreicht hat.
Von da an können ⅔ der Einkünfte
des Bundes zu Bundeszwecken ver-

wendet werden, und ⅓ wird zum Grundstock geschlagen. Ist der Grundstock 85000 stark geworden, so sollen nur die Zinsen zu denselben fließen, die übrigen Einkünfte können zu Bundeszwecken verwendet werden.

Und als Erläuterung zu diesen Paragraphen folgendes „Spezialgesetz über die Verausgabung der Bundesgelder."

„Die zur gewöhnlichen Verwendung bezeichneten Gelder werden zu folgenden Zwecken benützt:

1. Zur Unterstützung, Hebung und Gründung einzelner Turn-Vereine.

2. Zur Unterstützung von Europa kommender, politischer Thaten halber, flüchtiger Turner.

3. Zur Verbreitung wichtiger, dem Geist und Zweck des Bundes entsprechender Schriften.

4. Zur Aussendung von Emissären.

5. Zu Verwaltungs - Ausgaben.

Der provisorische Vorort wurde nach New York verlegt und zu dessen Mitglieder folgende Turner ernannt: S. Kaufmann, Vorsitzer; Zechiel (später Reifschneider) Kassirer; K. Eisler, Schriftwart; Hexamer und Maas (an letzterer Stelle später Rakow) Beisitzer.

Am ersten Januar 1851 erließ der provisorische Vorort einen Aufruf an die Turnvereine der Vereinigten Staaten, sie zum Anschluß an den Bund auffordernd; doch nur die Cincinnati Turngemeinde kam dieser Aufforderung im März 1851 nach. Spätere Aufrufe hatten ebenfalls nicht den gewünschten Erfolg, da die Vereine offenbar mehr mit ihrem inneren Leben zu thun hatten, und sich erst mühsam eine Existenz schaffen mußten, ehe an ein Wirken nach Außen gedacht werden

konnte. Die Zahl derselben war zu der Zeit ohnedies nur eine geringe, da ihr Bestehen erst seit Ende 1848 datirte.

Was vor dem Jahre 1848 auf dem Felde der Turnerei in den Ver. Staaten geschah, ist kaum nennenswerth. Vereinzelte Spuren lassen sich zwar da und dort nachweisen; lebensfähig erwiesen sich jedoch diese Anfänge nicht, und übten sie auch auf das Turnvereinsleben, sowie das Turnwesen überhaupt, welches nach dem Jahre 1848 hier entstand und sich entfaltete, nicht den geringsten Einfluß. Die Verfolgungen der Burschenschaften und Turner, die sogenannte Demagogenhetze, Ende der zehn und Anfangs der zwanziger Jahre, sowie die revolutionären Bewegungen Anfangs der dreißiger Jahre in Deutschland, warfen zwar manchen Schüler und Genossen Jahn's an dieses Ufer (z. B. Follenius, Lieber u. A.) doch konnte man von ihnen nicht erwarten, daß sie Zeit und Kräfte der Gründung von Turnvereinen widmen würden, da dieses bei der damaligen geringen deutschen Einwohnerzahl eine hundertfach schwierigere Aufgabe gewesen wäre.

Erst die verunglückten Volkserhebungen in den Jahren 1848—49 in Deutschland sind als die Ursache der Entstehung und verhältnißmäßig raschen Verbreitung des deutschen Turnwesens auf amerikanischem Boden anzusehen. Dasselbe hätte zwar auch ohne jene Ereignisse, nach und nach, Eingang und Verbreitung gefunden, Aber die mit ihm in enge Verbindung gebrachte freisinnige und fortschrittliche Tendenz, sowie die Anerkennung der Gleichberechtigung der Ausbildung der geistigen Fähigkeiten mit den körperlichen in den Turnvereinen, ist dem direkten Einflusse der durch die 48er Bewegung erzeugten Ideen zuzuschreiben. Unter ben Tausenden von Flüchtlingen und Auswanderern, welche durch die Verfolgungen und den Druck der Reaktion aus Deutschland vertrieben wurden, und sich hier eine neue Heimath gründeten, befanden sich Viele, welche Mitglieder von Turnvereinen gewesen waren und hier sofort die Gründung von Turnvereinen versuchten und, begünstigt durch die freien politischen Zustände, noch unter dem Impulse der Volkserhebung in Deutschland, als traditionellen Zweck der Turnerei, neben den körperlichen und geistigen Uebungen, ein thätiges Eingreifen in allen politischen, religiösen und socialen Fragen, im Sinne des radikalen Fortschrittes, zur Geltung zu bringen suchten.

Unter Kämpfen und Schwierigkeiten mancherlei Art mußten sich die ersten Turnvereine eine Existenz erringen, und es gehörte sehr oft ein hoher Grad von Aufopferung und Liebe zur Sache dazu, um das angefangene Werk nicht wieder muthlos fallen zu lassen, da die für das damalige deutsche Vereinsleben so ungünstigen Verhältnisse dasselbe vielfach verkümmerten und bedrohten. Materiellem Drucke, Vorurtheilen, ja persönlichen und prinzipiellen Angriffen mußte begegnet werden, und allen diesen Hindernissen gegenüber standen die Turner nicht immer einmüthig gegenüber, da Zwistigkeiten und Reibereien, oft unbedeutender Art, den inneren Frieden der Vereine bedenklich störten, und ein entschlossenes Auftreten nach Außen beeinträchtigten.

Der provisorische Vorort, der unter diesen Verhältnissen keine besonders segensreiche Thätigkeit entfalten konnte, da weder eine feste Organisation noch Mittel vorhanden waren, den neuen Bund lebensfähig und wirksam zu machen, sondern alles erst mühsam geschaffen werden mußte, berief eine zweite Tagsatzung nach Philadelphia auf den 29. Sept. 1851, zu welcher Zeit die dortige Turngemeinde ein allgemeines Turnfest ausgeschrieben hatte. Das erste allgemeine Fest, welches die verbündeten Turnvereine Nordamerikas abhielten.

Es ist hier am Platze eines literarischen Unternehmens Erwähnung zu thun, welches, als das Erste seiner Art auf amerikanischem Boden, sehr viel zur Hebung des Turnvereinslebens beitrug, trotz seines nur zehnmonatlichen Bestehens. Es ist dieses die vom Januar bis Oktober 1851 von der Cincinnati Turngemeinde herausgegebene „Turnzeitung." Gegenwärtig gewiß nur wenigen Turnern bekannt, ist es doch beinahe die einzige Quelle aus welcher man Nachrichten von dem damaligen Stand der Turnvereine schöpfen kann. Die erste Nummer des Blattes wurde von Heinrich Eßmann erbigirt, die Letzteren durch ein von der Turngemeinde erwähltes Committee von dreien. Es erschien monatlich und hörte mit der zehnten Nummer zu erscheinen auf, da nach Beschluß der Tagsatzung in Philadelphia der Bund ein eigenes Organ gründete, welches am Sitze des Vororts herausgegeben werden mußte.

Nicht nur für den Turner, sondern für jeden Deutschen, der Antheil nimmt an den Bestrebungen und Kämpfen der deutschen Vereine jener Zeit, ist der Inhalt des Blattes von Interesse, so möge denn eine kurze Uebersicht desselben den Schluß dieses ersten Artikels bilden. Von poetischen Erzeugnissen sind besonders erwähnenswerth: ein Gedicht von Harro Harring, Das göttliche Recht und ein „Turnlied" von W. Rothacker. Treffliche Artikel über den Werth des Turnens, Turnfahrten und Turnfeste fehlen nicht, neben einigen gediegenen Reden, die bei Gelegenheit von Festen, Einweihung von Turnplätzen u. s. w. an verschiedenen Orten gehalten wurden. Von besonderem Interesse sind ferner mehrere polemische Artikel, hauptsächlich gegen verschiedene katholische Zeitungen gerichtet, welche es sich zur besonderen Aufgabe gemacht hatten, die Turnvereine zu bekämpfen. Das meiste Interesse bieten jedoch die Mittheilungen aus dem Vereinsleben und statistische Notizen über dasselbe. Einige derselben mögen hier im Auszuge einen Platz finden.

Am Neujahrstage 1850 hielt Turnwart Wilhelm Pfänder in Cincinnati zur Feier des Ereignisses, daß es der Turngemeinde nach einjährigem Bestehen endlich gelungen war, ein geeignetes Turnlokal zu bekommen, die Festrede:

Sonst und Jetzt.

Am 5. November 1850 beging die Turngemeinde eine Fahnenweihe. Die Fahne, welche ursprünglich von den deutschen Frauen und Jungfrauen Cincinnatis für d e n deutschen Staat bestimmt war, welcher zuerst die Republik proklamiren würde, wurde der Turngemeinde überwiesen, als dem Vereine, der dem Zweck der Revolutionsfahne am Nächsten stehe. Die Turngemeinde feierte, bereits 150 Mann stark, dieses Fest im festlich geschmückten „Turnhause.“

Am 24. März 1851 feierte der Louisville Turnverein die Einweihung seiner eigenen Halle, (wahrscheinlich die erste eigene Halle, die sich ein Turnverein hier erwarb) mit einem Schauturnen, bei welchem hauptsächlich die Freiübungen, Pyramiden und „Räder“ den allgemeinen Beifall der Zuschauer erregten.

Gründung eines Turnvereins in Pittsburg am 18. März 1851 mit 60 Mitgliedern.

Stiftungsfest und Fahnenweihe des St. Louis Turnvereins am 18. Mai 1851, nebst kurzer Geschichte des Vereins; aus derselben geht hervor, daß der Verein von 11 jungen Leuten gegründet wurde, erst unter dem Namen „Bestrebung“, sich jedoch nach kurzer Zeit wieder auflöste, um sich als Turnverein neu zu organisiren.

Ein ausführlicher Bericht aus New York über die am 26. Mai 1851 in Hoboken bei Gelegenheit des deutschen Maifestes vorgefallenen Unruhen. Diese Unruhen bildeten den ersten Akt einer Reihe von Gewaltthaten, die später in Baltimore, Philadelphia, Covington, Columbus und anderen Orten gegen die Turner versucht wurden.

2. Juni 1851 Stiftungsfest und Fahnenweihe der Philadelphia Turngemeinde.

18. August Fahnenweihe des N. Y. Soz. Turnvereins.

Aufruf des prov. Vororts zur Beschickung der zweiten Tagsatzung. Als besondere Gegenstände der Tagesordnung sind erwähnt: Discussion über das Organ des Bundes. Ueber die Wahl des Präsidenten der Ver. Staaten und über die Hebung des Turnwesens.

Nachrichten über den Bau einer Turnhalle in Cincinnati und Einrichtung einer Turnschule für Knaben daselbst.

Nach den in den verschiedenen Nummern der „Turnzeitung“ sich zerstreut vorfindenden statistischen Angaben befanden sich zu jener Zeit siebenzehn Turnvereine in den Vereinigten Staaten und zwar:

N. Y. Socialistischer Turnv. 180 Mitglieder.
New York Turngemeinde.... ? "
Baltimore soc. dem. Turnverein 278 "
Williamsburgh Turnverein... ? "
Philadelphia Turngemeinde. ..168 "
Cincinnati " ...222 "
St. Louis Turnverein....... 140 "
Louisville " .... 81 "
Pittsburgh " .... 60 "
Boston " .... 33 "
Rochester " .... 27 "
Brooklyn " .... 20 "
Indianapolis " .... 14 "
Utica " .... 13 "
Newark " .... ? "
Hamilton " .... ? "
Peoria " .... ? "

II.

Die Turngemeinde in Philadelphia hatte es unternommen, das erste allgemeine Turnfest auf amerikanischen Boden zu veranstalten und hatte zu diesem Zwecke die Turner auf den 29. und 30. September 1851 zu sich eingeladen. Der provisorische Vorort in New York berief gleichzeitig eine Tagsatzung nach Philadelphia, welche am Schlusse des Festes stattfinden sollte, um dem Provisorium, in welchem der Bund, sich trotz einjähri-gem Bestehen noch befand, ein Ende zu machen und ihm eine feste und bestimmte Gestalt zu geben.

Das Fest an welchem 6—700 Turner Theil nahmen, hatte den schön en Verlauf. Die Festtheilnehmer waren einstimmig in ihrem Lobe über den herzlichen Empfang und die Gastfreundschaft, die ihnen nicht allein von Seiten der Turngemeinde, sondern der deutschen Bevölkerung Philadelphia's überhaupt, entgegengebracht wurde, und der Eintracht und Begeisterung die während der ganzen Dauer des Festes herrschte. Unter den Gästen befanden sich Gustav Struve, Gottfried Kinkel und der alte „Papa Schlöffel".

In keiner andern Stadt wäre wohl auch zu der Zeit ein derartiges Fest in solcher Ausdehnung möglich gewesen. Deutsches Leben und deutsche Sitte hatten ja schon in Philadelphia seit dem letzten Jahrhundert eine gewisse Berechtigung und Heimath, und die deutsche Bevölkerung war ja schon ein achtungsgebietendes Element in jener Stadt, ehe es noch durch die neue Einwanderung von 48 und 49 verstärkt wurde.

Die Philadelphia Turngemeinde zählte damals zu den tüchtigsten und rührigsten Turnvereinen, die unter dem Banner des Fortschrittes sich gegründet hatten und ihr gebührt vor Allem die Anerkennung und der Dank, durch ihre Maßnahmen dieses Turnfest und die darauf folgende Tagsatzung ermöglicht zu haben, zu einer Zeit, wo es an andern Orten nur unter den schwierigsten Verhältnissen hätte geschehen können. Leider blieb die Philadelphia Turngemeinde auch nicht verschont von jenen inneren Streitigkeiten und Spaltungen, die damals nicht selten die Turnvereine durchwühlten, und deren nachtheiliger Einfluß sich noch nach Jahren bemerkbar machte und manche Erwartung und Hoffnung unerfüllt ließ.

Die Tagsatzung, welche am Schlusse des Festes am ersten und zweiten Oktober in South Military Hall, Liberty Street stattfand, war in jeder Beziehung erfolgreich in ihren Berathungen und Resultaten. Das vor einem Jahre gelegte Samenkorn begann Wurzeln zu schlagen und verhieß ein fröhliches und frisches Gedeihen.

Vertreten waren die Vereine: New
york Socialistischer Turnverein durch
aufmann, Ehrmann, Eisler und Cand-
r. Boston Turngemeinde durch Robe-
ann, Cincinnati Turngemeinde durch
einrich Schmidt. Utica Socialistischer
urnverein durch Arnold. Brooklyn
ocialistischer Turnverein durch Schei-
l. Philadelphia Turngemeinde durch
ehr, Bloch, Dotter und Bechler. Ne-
ark Turnverein durch Kiefer. Balti-
ore soc.-demokr. Turnverein durch
ürst, Lohmann, Fleischmann, Wagner
b Dingfelder.

Schriftliche Beitrittserklärungen sand-
n die Vereine von Rochester und In-
anapolis.

An der definitiven Organisation des
undes betheiligten sich demnach zehn
reine mit ca. 1000 Mitgliedern.

Außer obigen Vereinen war noch die
w Yorker Turngemeinde vertreten
rch A. Frank, derselbe gab jedoch die
klärung ab, daß sich sein Verein, aus
incipiellen Gründen, vor der Hand
m Bunde nicht anschließen könne. Es
urde ihm Sitz, jedoch ohne Stimm-
ht, auf der Tagsatzung eingeräumt.
er Beitritt obigen Vereins erfolgte
, derselbe löste sich nach kurzer Zeit
nzlich auf.

Die Tagsatzung erwählte S. Kauf-
nn, New York, zum Vorsitzenden und
Ehrman, New York und Arzt, Phi-
elphia, zu Schriftführern.

Nach längerer Debatte wurde der
me „Socialistischer Turnerbund" an-
nommen, sowie die Platform und im
esentlichen auch die Statuten vom vo-
en Jahre. Die Stellung des Bundes,
amerikanischen Politik gegenüber,
rde durch folgenden Beschluß festge-
lt:

„Der Turnerbund huldigt im
Allgemeinen der Platform der radikalen Freesoil-Parthei, und macht
es sich zur Pflicht, sie nach allen
Kräften zu unterstützen."

Die Gründung eines Bundesorgans
wurde beschlossen und folgende nähere
Bestimmungen darüber getroffen:

„1. Die Turnzeitung wird als Organ
des Bundes anerkannt, und jeder
Bundesverein verpflichtet sich, zur
größtmöglichsten Verbreitung derselben beizutragen. Der Vorort
führt die Oberleitung derselben,
bezahlt die Unkosten und zieht den
Gewinn für die Bundeskasse. Die
Redaktion kann jedoch vom Vorort
irgend welcher Person übertragen
werden.

2. Die Turnzeitung wird von den
Vereinen durch Abnahme einer Anzahl Exemplare je nach der Zahl ihrer
Mitglieder unterstützt; die Zeitung wird dann gratis an die Mitglieder vertheilt.

3. Die Tendenz des Blattes ist eine
rein wissenschaftliche; alle persönliche
Polemik ist streng zu vermeiden;
einseitig partheiisch gehaltene Artikel, irgend welcher socialistischen,
religiösen oder politischen Fraktion
können keine Aufnahme finden.

4. Das Organ erscheint da, wo sich der
Vorort befindet.

5. Der Preis hängt von der Verbreitung des Blattes ab."

Der Vorort blieb in New York. Der
vierteljährige Beitrag per Bundesstimme
wurde auf $1.50 festgestellt. Weiter
wurde beschlossen, im Jahre 1852 zwei
Bundesfeste abzuhalten und zwar das
eine, für die östlichen Staaten in Baltimore und das andere für die westlichen
in Cincinnati. Die Tagsatzung für

1852 wurde ebenfalls nach letzterer Stadt verlegt. Besonders bemerkenswerth ist noch der Bericht des Säckelwarts über die Finanzverhältnisse des ersten Bundesjahres, er lautete:

Es waren eingegangen $54 00
Verausgabt. 00 85
——————
Kassenbestand $53 15

Gewiß der kürzeste und auch verhältnißmäßig günstigste Kassabericht, der je einer Tagsatzung vorgelegt wurde.

Durch einen besonderen Paragraphen wurde es allen Bundesvereinen zur strengsten Pflicht gemacht, sich in den Waffen zu üben. Dieser Beschluß wurde nicht allein durch die Nothwendigkeit hervorgerufen, stets militärisch gerüstet und schlagfertig zu sein, um Zusammenstößen zu begegnen, die durch das feindselige Verhalten eines Theiles der amerikanischen Bevölkerung dem Deutschthume, besonders aber den Turnern drohten, ja an mehreren Orten schon zum Ausbruche gekommen waren, sondern er wurde auch durch die Zustände in Deutschland veranlaßt. Die Turner betrachteten sich als die Avantgarde der Freiheit und erwarteten mit Zuversicht den Ausbruch einer neuen Volkserhebung, gesonnen beim ersten Rufe hinüber zu eilen, um den Kampf gegen die Reaktion auf's Neue zu beginnen und Deutschland zu einer Republik zu machen.

Die Wahl der neuen Vorortsmitglieder, welche bereits am 4. October von Seiten des socialistischen Turnvereins in New York stattfand, hatte folgendes Resultat:

Sigismund Kaufmann, Vorsitzender.
Franz Arnold und Karl Eisler, Beisitzer.

Wilhelm Ehrmann, Schriftwart.
Ehrhard Richter, Säckelwart.
Georg Höstreiche und Nicolaus Meyer, Turnräthe.

Die Redaktion der Turnzeitung wurde zugleich in deren Hände gelegt.

Am 15. November 1851 erschien die „Turnzeitung" als Monatsschrift zum ersten Mal, und gleich die erste Nummer durchwehte ein frischer und freier Geist, der sich seiner hohen Aufgabe: Aufklärung, Bildung und Kenntnisse zu verbreiten, wohl bewußt war und noch heute, nach 23 Jahren, ist es ein Genuß, die ersten Jahrgänge der „Turnzeitung" zu durchblättern. Wo sich solche noch in den Vereinsbibliotheken befinden, sollten sie hervorgesucht und die darin enthaltenen Artikel über die Aufgabe der Turnerei, Erziehung, Socialismus u. s. w. zum Vorlesen und Debattiren in Vereins-Versammlungen benutzt werden.

Von hoher Bedeutung war gleich in der ersten Nummer ein Artikel Gustav Struves: „Die Turnerei diesseits und jenseits des Oceans." In klarer und überzeugender Weise wies er der hiesigen Turnerei ihre Stellung an und machte auf die Gefahren aufmerksam, welchen sie durch die hiesigen Verhältnisse unterworfen war. Leider wurden die prophetischen Worte Struves in späteren Jahren nicht in dem Grade beachtet wie sie es verdienten, und die Folge war eine allmählige Erschlaffung, wie er sie voraussah.

Der Schluß obigen Artikels möge hier einen Platz finden, da er jetzt noch von derselben Bedeutung ist wie damals, wenngleich seine Bemerkungen über die Turnvereine Deutschlands nur Bezug hatten auf jene Zeit. Struve schrieb:

„Aus Deutschland, dem Lande der Fürsten, kam die Turnerei nach der Union, dem Lande der Freiheit. Hier steht ihr keine Polizei feindlich im Wege. Hier hat sie weder Aufhebung der Vereine, noch Verfolgung ihrer Mitglieder zu besorgen. Die Turnvereine Deutschland's erhielten seit ihrer ersten Entstehung von außen einen Druck, der sie zwang, rüstig für ihr Dasein zu kämpfen u. welcher sie vor Erschlaffung schützte, insofern sie ihren Namen mit Recht trugen. In Amerika ist die Gefahr der Erschlaffung weit größer, als in Deutschland. Hier müssen die Turngemeinden eine erhöhte innere Kraft, ein engeres, inneres Streben besitzen, um dauernd zu bestehen. Der Kampf mit verhaßten Unterdrückern stählt nicht ihren Muth und concentrirt nicht ihre Thatkraft. Die Turnvereine Amerika's haben nicht die schwere Schule bestanden und werden sie auch künftig nicht zu bestehen haben, in welche die meisten deutschen Turnvereine gingen. Der Ernst des Lebens, welcher sich den deutschen Turnern mit Gewalt täglich aufdrängt, steht den amerikanischen Turnern ferner. Sie müssen gleich allen freien Männern in sich selbst die Kräfte tragen, welche ihre Zwecke fördern und von Außen her keine mächtige Anregung ihrer Thatkraft erwarten. Ihnen muß es genügen, von Außen her nicht gehemmt zu werden, die volle Freiheit der Entwicklung zu besitzen. Wenn das wilde Ungestüm, die kecke Rede und die entschlossene That dem Turner in Deutschland wohl anstehen, da er in fortwährendem Kampfe mit den Tyrannen des Vaterlandes begriffen ist, so bilden r u h i g e S e l b st b e h e r r s ch u n g , g r ü n d l i ch e F o r s ch u n g u n d a u s d a u e r n d e Anstrengung die Eigenschaften, welche den freien Turner Amerika's zieren.

Mit der Organisation des Bundes fing das Turnwesen an sich rasch und kräftig zu zu entwickeln. Turnvereine entstanden in meist allen größeren Städten (selbst der Süden blieb nicht zurück) und waren, vorzüglich im Westen, für lange Zeit der Sammelpunkt des Deutschthums. Neben dem Turnen, welches zu der Zeit sehr eifrig betrieben wurde, fanden die Bestrebungen für religiösen, socialen und politischen Fortschritt die wärmste Unterstützung. Die eingeschlagene Richtung, sowie das unerschrockene und feste Auftreten der Turner gewannen ihnen viele Freunde. Die jüngere deutsche Emigration, sowie alle zu der Zeit bestehenden Vereine fortschrittlicher (meist revolutionärer) Tendenz, anderer Nationen, wie Franzosen, Polen, Ungarn, Spanier u. s. w. unterhielten mit den Turnvereinen einen lebhaften, freundschaftlichen Verkehr; galten sie doch gewissermaßen als der Repräsentant des radikalen Deutschthums. Auf der andern Seite jedoch wurden sie, auch aus derselben Ursache, mit Schmähungen und Angriffen überhäuft. Nicht nur, daß ein Theil der Presse, selbst der deutschen, die Turner ihrer Tendenz halber bekämpfte und herab zu setzen suchte, auch religiöser Fanatismus, der sich damals auf's Neue entwickelnde Nativismus, und nicht minder das in seiner vollsten Blüthe stehende Loaferthum, betheiligten sich an den Angriffen gegen die Turner. Doch trotz dieser, oder vielmehr, gerade in Folge dieser Widerwärtigkeiten erstarkten die Turnvereine und erlangten Ansehen und Einfluß. Die ersten Jahre ihres Bestehens zählen gewissermaßen zu den erfolgreichsten hinsichtlich ihres festen und entschiedenen Auftretens, ihres Wachsthums und ihres Zusammenwirkens, wo es galt, dem gemeinsamen Feinde die Stirn zu zeigen.

Ueber die Thätigkeit des Vororts geben uns regelmäßige, in der Turnzeitung veröffentlichte Vierteljahrsberichte Aufschluß; einige statistische Angaben und Bemerkungen über die damaligen Bundesverhältnisse dürften nicht uninteressant sein. Am ersten Jan. 1852, also ein Vierteljahr seit dem wirklichen Bestehen des Bundes, bestanden bereits 25 Turnvereine, von denen 14 dem Bunde angehörten und drei den Anschluß angemeldet hatten.

Unter den Nichtbundesvereinen befindet sich St. Louis, Louisville und Boston; erstere erklärten bald darauf ihren Beitritt, letzterer hatte kurz nach der Tagsatzung seinen Austritt erklärt, weil er mit dem Namem des Bundes sich nicht einverstanden erklären konnte.

Wie leicht man geneigt war, die doch so nothwendige Einigkeit hintanzusetzen, beweist das Bestehen von zwei oder sogar drei Vereinen an verschiedenen Orten, wo weder lokale noch prinzipielle Verhältnisse eine Theilung rechtfertigten. Wir finden bereits zwei Vereine in Indianapolis, zwei in Cleveland, zwei in Newark und drei in Philadelphia. Mit Ausnahme eines einzigen (des erst gegründeten Philadelpia sozial. Turnvereins, dessen Aufnahme im nächsten Monat erfolgte) gehörten jedoch alle diese Vereine dem Bunde an, ein Beweis mehr, daß nicht prinzipielle Gründe die Trennung veranlaßten, sondern mehr persönlicher Einfluß und Eifersüchtelei.

Besonderes Augenmerk richtete der Vorort auf die Belebung und Hebung des Turnbetriebes; eine Anzahl Pyramidentafeln wurden angefertigt und an die

Vereine versandt, und als auf eine Anfrage des Vororts, betreffs Anstellung eines Bundesturnlehrers, die beinahe einstimmige Gutheißung Seitens der Vereine einlief, wurde Turner L. Winter von Leipzig, ein Mann von unzweifelhaften Fähigkeiten, als Bundesturnlehrer angestellt. Die Bundeskasse bestritt die Reisekosten, und die Vereine, welche den Turnlehrer beanspruchten, zahlten, je nach der Dauer seines Aufenthaltes, Honorar und Aufenthaltskosten. Lange bestand jedoch diese Einrichtung nicht, da die Bundes- und die Vereinskassen nicht im Stande waren, größern Anforderungen zu entsprechen.

Die Turnzeitung erreichte im ersten Jahre ihres Bestehens bereits eine Auflage von 1300 Exemplaren. Die Nummer kostete 5 Cents und würde dieselbe einen sehr bedeutenden Profit abgeworfen haben, wenn die Zeitungsgelder regelmäßig von den Vereinen entrichtet worden wären, statt dessen war der Vorort oft kaum im Stande, über die nöthigen Gelder zu verfügen, um die nöthigen Auslagen für Zeitung und Bund bestreiten zu können, weil das ganze Vermögen des Bundes in Ausständen bestand. Die prinzipielle Haltung der Turnzeitung fand allgemeine Billigung und Anerkennung. Als Mitarbeiter besonders zu erwähnen sind S. Kaufmann, Gustav Struve, Harro Harring, W. Ehrmann, J. Weidemeyer, V. W. Fröhlig, M. Groß, später noch P. M. Peterson, Ed. Müller u. A.

Am 11. und 26. September 1852 wurden die ersten vom Bunde veranstalteten Turnfeste in Baltimore und Cincinnati gefeiert. Bei dem Feste in Baltimore waren 10 Bundes-Vereine mit ca. 600 Mitgliedern vertreten, nebst einer Anzahl Gesangvereine und Turnschülern. Turner Carl Heinrich Schnauffer hielt die Festrede. Ein Schauturnen, „welches die größte Bewunderung erregte," Ausflüge in die Umgegend von Baltimore, ein Ball mit Pyramidenbau Seitens des N. Y. Vereins bildeten die Glanzpunkte des Festes, welches selbst durch den brutalen Angriff einer Bande Rowdies auf die Turner, welche vom Pic-Nic heimkehrten, nur vorübergehend gestört wurde, da man derartige Angriffe als eine nothwendige Zugabe zu einem Feste zu betrachten gewöhnt war.

Das Fest in Cincinnati, obwohl nur ca. 150 fremde Turner daran Theil nahmen, hatte nicht minder den günstigsten Verlauf. Sprecher Wiest von Cincinnati eröffnete das Fest durch eine entsprechende Rede; ihm folgte ein Amerikaner, welche seine Freude über das Gedeihen der Turnvereine in Amerika aussprach. Dem Riegenturnen, an welchem sich s ä m m t l i c h e Turner betheiligten, folgte ein Preisturnen. Turner von Louisville, Cincinnati, New York, Pittsburgh, Hamilton, Baltimore und Madison errangen die 25 Preise, welche größtentheils durch Damen Cincinnati's angefertigt und dem Vereine zur Verfügung gestellt waren.

Turner Vogt von Louisville, ein alter Hanauer Turner, errang sich den ersten Preis. Vogt galt nicht nur für eine Reihe von Jahren für einen der tüchtigsten Turner im Bunde, er war auch in jeder Beziehung Turner in der schönsten Bedeutung des Wortes und blieb es bis zu seinem vor einigen Jahren erfolgten Tode in Louisville, ein unermüdlicher Förderer und Unterstützer der Turnsache.

Die Tagsatzung trat am 28. September in der Turnhalle in Cincinnati zusammen und organisirte sich unter dem Vorsitze W. Rosenthals, Philadelphia; 2.

Vorsitzer G. F. Wiest, Cincinnati; Schriftführer A. Tafel, Cincinnati und C. Schlägel, Cleveland.

Vertreten waren 30 Vereine durch 26 Delegaten mit 47 Stimmen. Den Vorort vertrat S. Kaufmann. Der diesjährige Finanzbericht läßt schon recht deutlich erkennen, welch' bedeutenden Aufschwung der Bund im ersten Jahre seines Bestehens gemacht hatte (von der definitiven Gründung an gerechnet). Es waren eingegangen:

Eintrittsgelder und Quartal-
Beiträge $280 25
Zeitungsgelder.................. 429 74
                                 ─────────
                                 $709 99
Total-Ausgaben $547 80

Kassenbestand $162 19
Das Gesammtvermögen des Bundes belief sich auf $597 24, bestand jedoch nur außer obigem Kassenbestand in Ausständen, wovon allein auf rückständige Zeitungsgelder $310 80 und unverkaufte Zeitungen $53 20 kamen. Die Turnzeitung hatte einen Reingewinn von $366 3c gebracht. Dieser Gewinn war aber ein sehr fraglicher, da er nur in Rückständen figurirt, die von Jahr zu Jahr anwuchsen und schließlich die Höhe von mehreren Tausend Dollars betrugen.

Als besonders wichtig und interessant sind folgende Beschlüsse und Abänderungen der Bundesplatform und Statuten. An die Stelle der bisherigen Einleitung wurde Folgendes gesetzt:

„Der Bund hat zum Zweck, in seinen Mitgliedern Männer von kräftigem Körper und verständigem, vorurtheilsfreiem Geiste zu bilden, und es ist demnach seine Aufgabe, durch alle ihm zu Gebote stehenden Mittel die socialen, politischen und religiösen Reformen im Sinne des radikalen Fortschritts zum richtigen Verständnisse seiner Mitglieder zu bringen, um sie dadurch zu befähigen, an den obigen Reformen sich im Einzelnen oder durch den Bund thatkräftig zu betheiligen."

Die Verpflichtung der Vereine, sich in den Waffen zu üben, wurde in eine Empfehlung umgeändert, da sich herausgestellt hatte, daß eine strenge Durchführung des letztjährigen Beschlusses nicht durchzuführen war.

Betreffs des Bundesorgans wurde beschlossen:

„Die Vereine sind verpflichtet, so viele Exemplare zu nehmen, als sie Mitglieder zählen. Beiträge sind von den geistigen Kräften der Vereine einzusenden. Die Redaktion und Expedition wird bezahlt. Der Preis jeder Nummer ist 3 Cents. Die Zeitung erscheint zweimal monatlich." —

Der erste Passus dieses Beschlusses erlitt schon kurze Zeit nach der Tagsatzung unter dem Namen „Zeitungszwang" vielfache Angriffe und war ein Haupthinderniß in der Beilegung der später entstandenen Wirren.

Der New Yorker socialistische Turnverein erhielt wieder die Vorortschaft. Für die Tagsatzung 1853 wurde Cleveland bestimmt. Turnfeste wurden nach Louisville und New York verlegt.

Hinsichtlich Hebung des Turnbetriebs wurde beschlossen:

1. „den Vorort zu beauftragen, ein zweckmäßiges Turnbuch nebst Eis
lens Turntafeln anzuschaffen und diese an die Vereine gratis zu vertheilen.

2. daß, wenn ein kleiner Bundes-Verein unbedingt einen Turnlehrer bedarf, er sich an den Vorort zu wenden und dieser sofort den nächstgelegenen größern Verein, wenn dieser die erforderlichen Kräfte besitzt, zur unverzüglichen Absendung eines Vorturners zu veranlassen hat.

3. Daß die Reisekosten und auf Verlangen auch etwaige Vergütungen für Zeitverlust eines solchen Vorturners nach Einsendung einer von dem betreffenden Verein beglaubigten Rechnung aus der Bundeslasse bezahlt werden solle, wogegen der Verein, welcher den Vorturner wünscht, die Kosten des Aufenthalts zu tragen hat."

Nachdem dem Vororte für seine bewiesene Thätigkeit und Fähigkeit die Anerkennung der Tagsatzung einstimmig votirt wurde, vertagten sich die Delegaten mit einem dreifachen „Gut Heil" auf das Fortbestehen und Gedeihen des Bundes.

Nach einem Beschlusse der Tagsatzung in Cincinnati blieb der Vorort auf ein weiteres Jahr in New-York; zu Mitgliedern desselben ernannte der N. Y. socialistische Turnverein folgende Turner, welche am 1. November 1852 ihr Amt antraten:

S. Kaufmann, 1ster Vorsitzer.

Ed. Mueller, 2ter Vorsitzer.

Gg. Hoesterich, 1ster Schriftwart.

L. Engelhard, 2ter Schriftwart.

P. M. Petersen, Schatzmeister.

F. Denzler, } Turnräthe.
Nic. Mayer, }

Von dieser Zeit an erschien die Turnzeitung zweimal monatlich zu dem herabgesetzten Preis von 3 Cents. Einen großen Theil des Inhalts nahmen die vierteljährigen Vereinsberichte in Anspruch, die unverkürzt vom Vorort veröffentlicht wurden. Diese Berichte enthielten meist nur wenig statistische Nachrichten oder sonstige zuverlässige Angaben der Vereinszustände, sondern vielmehr allgemein gehaltene Mittheilungen aus dem Vereinsleben. Kritiken der Bundesbeschlüsse und der Thätigkeit des Vororts, selbst Ansichten über die schwebenden politischen Tagesfragen u. s. w. öfters in gediegener, häufiger jedoch in wenig anregender Weise. Bemerkenswerth in diesen Berichten ist die kecke und ungenirte Sprache, in welcher Bundesverhältnisse und Vorortsbeschlüsse behandelt werden und zugleich die Ruhe, mit welcher der Vorort Kritiken, selbst Angriffe hinnahm und entgegnete: Eine Ruhe, die mit der Empfindlichkeit späterer Vororte stark contrastirte.

Schon ein Vierteljahr nach der Tagsatzung in Cincinnati wurde von verschiedenen Seiten, hauptsächlich von dem Newark Turnverein und der Philadelphia Turngemeinde, Opposition erhoben gegen den Beschluß der Tagsatzung, welcher das zwangsweise Halten der Turnzeitung Seitens der Mitglieder des Bundes anordnete, der letztere Verein stellte sogar beim Vorort den Antrag auf Wiedererwägung des Beschlusses und verlangte eine Abstimmung der Bundes-Vereine. Die Mehrheit der Vereine entschied jedoch für Beibehaltung des Beschlusses.

In Uebereinstimmung mit einem Beschlusse der Tagsatzung, durch welchen die Herausgabe eines Turnbuches angeordnet wurde, setzte sich der Vorort mit Turnlehrer Eduard Müller in Verbindung und übertrug ihm die Abfassung eines derartigen Werkes. Wenn irgend Jemand zu der Zeit im Turnerbunde befähigt war, eine solche Arbeit zu unternehmen,

so war es Turnlehrer Eduard Müller, der mit einer seltenen theoretisch-turnerischen Ausbildung eine bedeutende literarische Begabung verband, was seine in Deutschland veröffentlichten Turnschriften ("Mainzer Turnziel", "Ringanordnung" u. s. w.), sowie seine für die Turnzeitung bearbeiteten Aufsätze über das Turnen, hinlänglich bekundeten.

Der von Eduard Müller vorgelegte Plan erhielt die Zustimmung des Vororts und der Vereine, und die Herausgabe des Werkes ließ nicht lange auf sich warten. Wenn gleich dasselbe von unserem heutigen Standpunkte aus betrachtet, dem Zweck nicht vollkommen entsprechend erscheinen muß, besonders in Bezug auf Turnsprache ähnlichen Werken der damaligen Zeit nicht voraus war, so enthielt es doch hinsichtlich seiner Anordnung und Eintheilung manche Verbesserungen und Vorzüge und ist im Ganzen ein rühmliches Zeichen der Thätigkeit des damaligen Vororts und des Strebens, welches den ganzen Bund beseelte.

Das Werk erschien unter dem Titel:

Das Turnen.

Ein Leitfaden für die Mitglieder des Socialistischen Turnerbundes und allen Freunden der Leibesübung.

Im Auftrage des Vororts dargestellt von

Eduard Müller,

Turnlehrer.

Das Werk, beiläufig 350 Seiten stark, wurde in 1000 Exemplaren mit einem Kostenaufwande von $550 gedruckt und in 6 Lieferungen mit 32 Geräthe- und Uebungstafeln zu dem Preis von 75 Cts. per Exemplar ausgegeben. Dasselbe war für längere Zeit als Leitfaden für den Turnbetrieb in den Vereinen des Bundes maßgebend, erfüllte jedoch für die Dauer

seinen Zweck nicht, da die damals ge-
bräuchliche und auch in diesem Leitfaden
benützte Turnsprache für den Neuling
nur nach längerem Studium und Auf-
wand von Zeit verständlich ist und hauptsächlich in kleineren Vereinen, doch nur
ein Werk mit Erfolg benützt werden kann,
welches Jedem leicht zugänglich und für
den praktischen Gebrauch zu benützen ist.
Das Werk wurde durch die spätere deutsche Turnliteratur verdrängt und ist jetzt
wohl nur noch in dem Besitz von älteren
Turnern oder in den Bibliotheken der
ältern Turnvereine zu finden.

Turnschulen für Knaben bestanden bereits an mehreren Orten und mehrten sich
von jetzt an in erfreulicher Weise, ebenso
bildeten sich innerhalb der Vereine Ge-
sang- und Fechtsectionen und dramatische
Clubs. Die Turnvereine, größtentheils
auf sich selbst angewiesen, suchten alles
in ihr Bereich zu ziehen, was das Vereinsleben heben und angenehm machen
konnte, um den Einzelnen dauernder zu
fesseln. Neben den Zwecken der Turnerei
wurde Geselligkeit und Unterhaltung zu
cultiviren gesucht und als natürliche
Folge entstanden in den Turnvereinen
Liebhaber - Theater und Wirthschaften,
welche auf Rechnung des Vereins geführt
wurden. Sehr viel trugen noch die, damals oft in noch gehässigerer Form als
jetzt bestehenden Sonntags- und Tempe-
renzgesetze bei, welche kaum anders zu
umgehen waren, als durch Einrichtungen,
durch welche Unterhaltung und Wirth-
schaft einen privaten oder clubartigen
Charakter erhielten und als nicht öffentlich und Jedem zugänglich außerhalb der
bestehenden Gesetze betrachtet wurden.
Diese mit der Turnerei nebenbei betriebe-
nen Geschäfte, erwiesen sich an vielen
Orten mit der Zeit ziemlich einträglich
für die Vereinskassen, und es wurde dann

oft mehr Sorgfalt auf sie, als auf die
eigentlichen turnerischen Bestrebungen
verwandt, und das was ursprünglich nur
ein Mittel zur Geselligkeit sein sollte,
wurde am Ende an vielen Orten Hauptsache und eine Gefahr für das eigentliche
Turnvereinsleben. Eine Gefahr, die
leider erst zu spät erkannt und kaum jetzt
noch in ihrer ganzen Größe begriffen
wird. Wenige der jetzt bestehenden Vereine, deren Gründung in jene Zeit fällt,
werden gänzlich unverschont geblieben
sein von den verderblichen Folgen, die ein
eigner Wirthschaftsbetrieb in größeren
Maaßstabe nach sich zieht. Die beschei-
denen Anfänge, die man in früherer Zeit
mit Vorstellungen und Wirthschaften
machte, schienen zwar nichts weniger als
gefahrdrohend, und doch entwickelte sich
aus ihnen jener Geschäfts- und Specu-
lationsgeist, der den Verfall des Vereinslebens und des eigentlichen Turnwesens
häufig mit sich brachte.

Das erste der zwei Bundesturnfeste,
welche nach Tagsatzungsbeschluß im Jahre
1853 abgehalten wurden, fand am 30.
und 31. Mai in Louisville, Ky., statt.
Der Verlauf des Festes war ein allseitig
befriedigender. Die Festrede wurde von
H. Dietsch vom „Louisville Anzeiger" in
vortrefflicher Weise gehalten. Nähere Ein-
zelheiten über das Fest fehlen. Für die
östlichen Staaten wurde das zweite Bundesfest in diesem Jahre in New York
vom 3. bis 5. September abgehalten und
auch dieses verlief in der herrlichsten
Weise. Turner G. Hösterich war Fest-
redner. Ein Fackelzug, ein großartiger
Festzug, an welchem ca. 1400 Personen
theilnahmen, ein Ring- und Kürturnen
während des Pic-Nics, Besuch der damals
gerade in New York stattfindenden Welt-
ausstellung, theatralische Vorstellung im

Bowery-Theater, mit Pyramidenbau und Darstellung plastischer Bilder und dem üblichen Ball bildeten das Programm.

Obige zwei Feste waren von weittragender Bedeutung und großem Einflusse, nicht nur, daß die Turner selbst neue Anregung und Begeisterung aus ihnen schöpften, die sie in der damaligen Zeit vielleicht in noch größerem Grade nothwendig hatten als jetzt, auch die gesammte Presse englischer Zunge bemächtigte sich des Gegenstandes und gab neben einer Beschreibung der Feste, ihren Lesern Berichte über den Zweck und Wesen der Turnerei, ihre Geschichte, Bestrebungen und Vereins- und Bundesorganisation. Diese Berichte trugen natürlich, je nach der Partheifarbe der Blätter, ein mehr oder weniger günstiges Gepräge, selbst boshafte und hämische, vom nativistischen Geiste dictirte Bemerkungen fehlten nicht, doch waren sie durchschnittlich den Turnern günstig und verfehlten nicht, ein besseres Verständniß und ein Interesse für die Turnvereine bei den Amerikanern anzubahnen, was in jener Zeit in viel höherem Grade von Bedeutung war, als heute, da alles Fremdländische, besonders deutsche Bestrebungen, Sitten und Anschauungen mit Mißtrauen, ja selbst Mißachtung behandelt wurde.

Die Tagsatzung in Cleveland, welche am 14. und 15. September 1853 stattfand, gab der Organisation des Bundes eine wesentliche Umgestaltung. Es wurde nämlich eine Eintheilung in fünf Kreise vorgenommen, welche den Zweck haben sollte, eine Erleichterung des Geschäftsverkehrs und eine innigere Verbindung der Vereine unter einander herbeizuführen. Die neue Einrichtung entsprach jedoch dem erwarteten Zweck durchaus nicht, trotzdem man Anfangs sehr dafür

begeistert war und schon im nächsten Jahre wurde sie für den Osten und nach Verlauf von zwei Jahren auch für den Westen wieder aufgehoben.

Die Eintheilung geschah in folgender Weise:

1. Nordkreis. Die Neu England Staaten und New York. Der Kreis umfaßte folgende 13 Vereine: Albany, Boston, Brooklyn, Bridgeport, Buffalo, Hartford, Harlem, New Haven, New York, Providence, Rochester, Staten Island und Troy.

2. Ostkreis. Pennsylvanien, New Jersey, Maryland, Delaware und District Columbia, mit folgenden Vereinen: Baltimore, Elisabethtown, Pittsburgh, Philadelphia Pottsville, Newark, Rahway, Union Hill und Washington.

3. Mittelkreis. Ohio mit Wheeling, Indiana, Kentucky, Tennessee und Michigan mit folgenden Vereinen: Chillicothe, Cincinnati, Cleveland, Columbus, Hamilton und Roßville, Indianapolis, Louisville, Madison, Memphis, Newport, New Albany, Shelbyville, Terre Haute und Wheeling.

4. Westkreis. Wisconsin, Jowa, Illinois, Missouri, Arkansas, Mississippi, Louisiana, Texas und Californien, mit den Vereinen: Peoria, St. Louis, New Orleans und Memphis.

5. Südkreis. Virginien ohne Wheeling, Nord und Süd Carolina, Georgia, Florida und Alabama mit den Vereinen: Richmond, Augusta, Charleston und Savannah.

Die Kreisvorstände sollten durch die Delegaten der Vereine des betreffenden Kreises auf der Tagsatzung gewählt werden, ihre Pflichten waren im Allgemeinen dieselben, die jetzt von den Bezirksvorständen ausgeübt werden. und mußten sie alle eingehenden Gelder mit dem Vororte berechnen, konnten jedoch über Zweidrittel der eingehenden Quartalbeiträge verfügen. Die Kreise hatten weder Extratagsatzungen noch eine anderweitige Besteuerung, als die vom Bunde aufgelegte. Zu Kreisvorständen wurden ernannt. Nordkreis: New York. Ostkreis: Baltimore. Mittelkreis: Cincinnati: Westkreis: St. Louis. Für den Südkreis fand keine Ernennung statt, da kei ner der südlichen Vereine vertreten war. Dieselben erhielten den Auftrag sich einen Kreisvorstand zu wählen und einigten sich später für Charleston.

Besonders hervorzuheben sind noch folgende Beschlüsse der Tagsatzung: Die Vereine wurden angehalten für die Errichtung und Aufrechthaltung freier Schulen (ohne Religionsunterricht) zu wirken. Für Anschaffungen von Bibliotheken zu sorgen und in ihrer Mitte Krankenunterstützungskassen zu gründen. Ein Antrag, die Gründung einer Bundeskrankenkasse, wurde jedoch als unzweckmäßig abgelehnt. Die Bestimmungen über das Bundesorgan sowie die Verpflichtung des Haltens desselben Seitens der Bundesmitglieder, wurden beibehalten. Die Abhaltung eines Bundesfestes jedes Jahr wurde angeordnet mit dem Zusatze, daß bei diesen Festen Preise zuerkannt werden sollten für literarische Arbeiten (Prosaarbeit und Gedicht) Gesang, Turnen, Schießen und Fechten.

Der Vorort sowie das Bundesfest für 1854 wurden nach Philadelphia verlegt, die Tagsatzung nach Pittsburg.

In einem besonderen Aufrufe forderte die Tagsatzung alle Bundesvereine auf, für die Wahrung und Geltendmachung der Prinzipien des Bundes nach Kräften

einzustehen und dahin zu wirken: „Die Bildung in den einzelnen Vereinen allgemeiner zu machen und dadurch sämmtliche Bundesmitglieder zu thätiger Betheiligung bei den großen Fragen der Gegenwart zu befähigen." Zugleich wurde den „Vereinen die Errichtung zweier besondern Belehrungsabende" in jeder Woche dringend ans Herz gelegt. Der eine dieser Abende sollte zum Unterricht in allen nöthigen und wünschenswerthen Fächern wie Sprachen, Mathematik, Länder= und Völkerkunde, Geschichte, Gesundheitslehre u. s. w. für die Mitglieder verwendet, der andere mit Vorträgen und Besprechungen über die Verhältnisse der Gegenwart und Fragen der Zeit ausgefüllt werden.

In einzelnen Vereinen wurde auch ein mehr oder minder erfolgreicher Schritt gethan zur Durchführung der von der Tagsatzung gemachten Vorschläge, doch der Erfolg blieb hinter den Erwartungen zurück. Der Plan war ein zu umfassender, als daß ein Turnverein jener Zeit ihn hätte konsequent durchführen können und selbst da wo Mittel und Kräfte aufzubringen waren für den Zweck, fehlte die lern- und wißbegierige Jugend, welche die gebotene Gelegenheit, ihre Kenntnisse zu bereichern, zu würdigen verstanden hätte. Der Bund vor zwanzig Jahren machte in dieser Beziehung keine besseren Erfahrungen als der Bund von heute und die an einigen Orten errichteten Fortbildungsschulen hatten nur kurzen Bestand und wurden meist wegen Mangel an Theilnahme wieder aufgehoben

Der Finanzbericht für 1853 wies ein Bundesvermögen von $1,107 auf. Dasselbe bestand jedoch zum großen Theil aus

Rückständen von Quartalbeiträgen und Zeitungsgeldern und noch unverkauften Turnbüchern.

Am 15. Oktober 1853 erschien die Turn= zeitung zum letzten Male in New York und vom 1. Nov. an am Sitze des neuen Vororts — Philadelphia. Mit Recht konnte der abtretende Vorort in seinen Abschiedsworten auf sein dreijähriges Wirken mit Befriedigung hinweisen. Der Bund hatte sich aus unscheinbaren und kleinen Verhältnissen, freilich unter Müh=seligkeiten aller Art, schon zu einer ach=tung gebietenden Größe hinaufgearbei=tet. Gegen 60 Turnvereine bestanden bereits in den Ver. Staaten, von denen Dreiviertel dem Turnerbunde angehör=ten und die Mehrzahl der Uebrigen die nöthigen Schritte zu ihrem Beitritt be=reits gethan hatten oder zu thun gesonnen waren. In vielen Vereinen bestanden Turnschulen für Knaben oder waren in Gründung begriffen, so daß für das fer=nere Gedeihen des Bundes die besten Aus=sichten vorhanden waren.

Mitte Oktober 1853 trat der neue Vor=ort in Philadelphia sein Amt an, er be=stand aus folgenden Mitgliedern der dor=tigen Turngemeinde:

Wilhelm Rapp, 1. Vorsitzer.
Eduard Herrlein, 2. Vorsitzer.
Wilhelm Bach, 1. Schriftführer.
Johann Dotter, 2. Schriftführer.
Albert Pohlig, Schatzmeister.
Aug. Frey, 1. Turnrath.
Johann Wolff, 2. Turnrath.

Dem Vororte brachte die neue Organi=sation nicht die erwartete Erleichterung; die Kreiseintheilung lähmte für eine Zeit lang alle Thätigkeit.

Da sich die Vereine nur schwer daran gewöhnten, anstatt mit dem Vorort di=rekt wie bisher, mit ihren Kreisvorstän=

den ihre Bundesgeschäfte zu erledigen, und die Kreisvorstände selbst nicht immer mit der Promptheit ihre Pflichten erfüll=ten die doch bei einem derartig verwickel=ten Geschäftsgange doppelt nothwendig gewesen wäre; nicht minder störend auf die Bundesverhältnisse wirkten die in die=sem Jahre besonders stark hervortreten=den Reibereien und Zwistigkeiten in den Vereinsleben, die nicht nur die Kreis=vorstände, sondern mehr noch den Vor=ort in solchem Grade in Anspruch nah=men, daß deren verfügbare Zeit wohl mehr der Schlichtung dieser Streitigkei=ten, als den eigentlichen Bundesinteres=sen gewidmet werden konnte. Außerdem übten eine Anzahl Vereine eine solch kon=sequente Enthaltsamkeit in Bezahlen ihrer Beiträge und Zeitungsgelder, so daß der Vorort öfters in die peinlichsten finan=ziellen Verlegenheiten gerieth und die Zeitung, die doch nachweislich einen Ueberschuß erzielte und eine Auflage von circa 3000 Exemplare erreicht hatte, öf=ters nur von dem guten Willen und Cre=dite der Drucker abhing. Nichtsdestowe=niger nahm die Ausbreitung der Turne=rei einen steten Fortgang und jede Num=mer der Turnzeitung berichtet über die Gründung neuer Vereine und deren An=schluß an den Bund.

Die Turner des Westens konnten auf politischem Gebiete eine größere Thätig=keit in diesem Jahre entfalten durch den Anschluß an eine Organisation deutscher Bürger der Staaten Wisconsin Kentucky und Ohio dem „Bunde freier Menschen“. Die Organisation erstrebte dieselben Ziele wie der Turnerbund und ward durch Fort=schrittvereine aller Art gebildet. So hoffnungsvoll die Aussichten waren, mit denen dieser Bund in's Leben trat, so wenig erfolgreich war er in seinen Resul=taten, und er hatte nach kurzer Zeit das

Schicksal späterer deutscher Verbindungen, die zu ähnlichen Zwecken gegründet wurden, doch war sein kurzes Bestehen insofern von Bedeutung, da die mit der Gründung verbundene Agitation viel zu einem klaren Verständniß der brennenden politischen Tagesfragen beitrug und den deutschen Bürgern die drohende Gefahr zum Bewußtsein brachte, die in dem Streben der immer kühner und anmaßender auftretenden südlichen Sclavenhalter und ihrer Unterstützer lag.

Zu dem Bundesturnfeste, welches in Philadelphia vom 3. bis 6. Sept. stattfand, hatte die dortige Turngemeinde die umfassendsten Vorbereitungen getroffen. Die Bewerbung um die zum erstenmale von Seiten des Bundes ausgesetzten Preise für die besten Leistungen in den verschiedenen Fächern turnerischer Thätigkeit war eine erfreuliche und die erzielten Resultate überraschend, eben so übertraf die Betheiligung der auswärtigen Turner alle Erwartung. Aus dem Wettkampfe gingen als Sieger hervor:

Carl Heinrich Schnauffer, Baltimore, für die beste poetische Dichtung. Leider war es dem Dichter nicht vergönnt den Erfolg seines Werkes zu erleben. Während des Festes wurde sein Tod von Baltimore aus den versammelten Festgenossen verkündet und erregte natürlich das lebhafteste Bedauern und Mitgefühl.

Schnauffer's Preisgedicht, das Turnlied „Auf! Auf! Du frisches Turnerblut“, wurde vom Musikdirektor Lenschow in Musik gesetzt und in früheren Jahren häufig von den Gesangsektionen der Turnvereine gesungen. Der Text des Liedes befindet sich in No. 59 der „Turnzeitung“. Ein zweites Gedicht Schnauffer's „Ich hör ein Lied erklingen“ wurde als das zweitbeste anerkannt

und außerdem lobend erwähnt das Gedicht Straubenmüller's: „Steht auf, ihr alten Recken.“

Im Deklomiren erhielten Preise: Schulz und Ludwig von Philadelphia. Im Singen: die Turnerliedertafel von New York. Im Turnen: Jacob Heintz, N. Y., Fr. Beck, N. Y., Gerh. Müller, N. Y., W. Benneke, N. Y., O. Köhler, Philadelphia, Fr. Heller, Williamsburg, Finkelbey, Baltimore und Berthold Williamsby. Im Fechten: Hermann Benneke, N. Y., Blandowsky, Philadelphia, und der Turnzögling Walther, N. Y. Im Schießen: Kettenacker, N. Y., Lanzel, Philadelphia, und Schomburg, N. Y. Die Preise bestanden in Werthgegenständen, wovon der erste in jedem Fache vom Bunde, die übrigen, theils durch Turnvereine, theils durch einzelne Turner geschafft wurden.

Das Fest verlief leider nicht ohne die durch Rowdies verursachte übliche Störung, und war sie dieses Mal ernstlicher Art als sonst und verhängnißvoll für Mehrere der Angreifer und den ihnen zur Seite stehenden Polizisten; doch auch eine Anzahl Turner erlitten ernstliche Verletzungen und eine noch größere Anzahl wurden sogar, weil sie sich ihrer Haut gewehrt, arretirt und unter Bürgschaft gestellt, um später prozessirt zu werden. Noch nach Monaten hing das Damoklesschwert eines Prozesses über ihren Häuptern, doch schließlich fanden es die Behörden Philadelphia's gerathener, die Angelegenheit nicht weiter zu verfolgen.

Das Fest zeichnete sich sonst durch ein schönes Arrangement und vortrefflichen Geist aus. W. Rapp hielt die Festrede und General Fr. Sigel, der seit längerer Zeit schon Mitglied des New Yorker Vereins war, und das von der letzten

Tagsatzung beschlossene Exerzierregle=
ment zusammengestellt hatte, hatte mit
Turnwart Frey von Philadelphia die
technische und militärische Leitung des
Festes in die Hand genommen, ein Um=
stand, der wesentlich zum Gelingen des
Ganzen beitrug.

Die bei dem Feste vorgekommenen
Störungen riefen allenthalben große Auf=
regung und unter der deutschen Bevöle=
rung Entrüstung und Erbitterung hervor
und die Deutschen fingen jetzt an, bei
ähnlichen Vorfällen weniger zart mit ih=
ren Gegnern umzugehen. Die Polizei=
behörden New York's fanden es für gut,
die New Yorker Turner, die gegen 200
Mann stark das Fest in Philadelphia be=
sucht hatten, bei ihrer Heimkehr mit ei=
ner Polizeimacht von 80 Mann an der
Landung zu erwarten und nach ihrer
Halle zu begleiten, da nun die zurückge=
bliebenen Turner New York's und der Um=
gegend, nebst einer großen Anzahl deut=
scher Bürger, meist wohl bewaffnet, eben=
falls zum Empfang der Heimkehrenden
bereit standen, und Hunderte jener New
Yorker "short boys" sich gleichfalls ein=
gefunden hatten, immer bereit, den Deut=
schen heimtückisch zu überfallen; so läßt
sich denken, an welch' dünnen Faden die
Ruhe hing und die Besorgniß der Leute,
die Wohnungen und Läden in den Stra=
ßen hatten, durch welche sich der immer
mehr anschwellende „Festzug" bewegte,
und die in aller Hast ihre Räumlichkeiten
schlossen einen Ausbruch fürchtend, war
obwohl komisch genug, doch leicht erklär=
lich. Eine bedeutende Störung fiel zwar
nicht vor, doch der Vorfall ist bezeichnend
für die damaligen Verhältnisse unter wel=
chen die Turnvereine zu leiden hatten
und die trotz alledem doch erstarkten und sich
Achtung und Anerkennung erzwangen.

IV.

Die Tagsatzung, welche am 11. Sep=
tember 1854 in Pittsburg unter dem
Vorsitze von Sigismund Kaufmann statt=
fand, war von keinem allgemeinen In=
teresse, da sich die Verhandlungen größ=
tentheils um die mißlichen finanziellen
Verhältnisse des Bundes, welche oben=
drein noch durch die „gewissenlose und
nachläßige" Buchführung des Bundes=
schatzmeisters Pohlig verschlimmert wur=
den, sowie um Schlichtung von Streitig=
keiten drehten, die schon seit längerer Zeit
zwischen einzelnen Vereinen bestanden,
und hauptsächlich in Philadelphia einen
erbitterten Charakter angenommen hatten.

Bezüglich der Kreiseintheilung wurde
der Beschluß gefaßt:

„Daß das Kreissystem im Osten
aufzuheben sei, der Westen aber, in
Anbetracht der schwierigen Verkehrs=
verhältnisse, in Kreise oder besser Be=
zirke, je nach der Lage der S t ä d t e
(nicht der Staaten) eingetheilt werde."
Zu Bezirksvorständen wurden gewählt:
Cincinnati, St. Louis, New Orleans,
Chicago und San Francisco. Die Vor=
theile, die diese neue Einrichtung mit sich
bringen sollte, vielleicht auch gebracht
hätte, wurden jedoch durch einen weite=
ren Beschluß wieder in Frage gestellt, in=
dem die Tagsatzung, anstatt den Verei=
cinen des Bundes zu gestatten, sich nach
eigenem Ermessen zu Bezirksverbänden
zu organisiren, natürlich mit der Füh=
rerschaft der von der Tagsatzung damit
beauftragten Vereine, eigenmächtig die
neue Eintheilung vornahm, zwar nicht
nach geographischen Grenzen, wie das
Jahr vorher, sondern mehr nach Maß=
gabe der Eisenbahn= und Postverbindun=
gen, so konnte es doch kaum ausbleiben,
daß Mißgriffe gemacht, durch welche die

Mängel und Fehler der ersten Einthei=
lung in die neue mit übertragen wur=
den. Außer den Vereinen des früheren
Nord= und Ostkreises wurden noch fol=
gende Vereine als außerhalb des Be=
zirksverbandes stehend, betrachtet: Au=
gusta, Ga., Charleston, S. C., Richmond,
Va., Savannah, Ga., und Wheeling,
Va.

Um den in bedenklicher Weise über=
hand nehmenden Streitigkeiten einzelner
Vereine unter einander, für die Zukunft
ein Ziel zu setzen, wurde folgender Para=
graph den Bundessatzungen beigefügt:

"An einem und demselben Orte kann
nur ein Bundesverein bestehen;
wenn örtliche Verhältnisse die Vereini=
gung in einem Lokale verbieten, so ist
dem Vereine die Gründung von Zweig=
vereinen gestattet."

Dieser Beschluß mochte zwar durch
die damals herrschenden Zustände gebo=
ten erscheinen und auch seinen Zweck, die
Verhinderung von Streitigkeiten zwischen
Vereinen an einen Ort erfüllt haben,
von unserem heutigen Standpunkte aus,
ist er jedoch nicht zu rechtfertigen, indem
er, im Prinzip schon verwerflich, zugleich
der freien und ungehinderten Entwick=
lung der Turnerei einen Damm entge=
gensetzte und schließlich den Turnverei=
nen die zu allem Streben und Fortschritte
nothwendige Bedingung raubte: Die ge=
genseitige Koncurenz, und wie sehr einer
solche, selbst im Vereinsleben, wohlthä=
tig wirken kann, das beweisen heute un=
sere blühenden Turnvereine in Chicago,
Milwaukee, St. Louis und anderen Or=
ten und im Gegensatze die Vereine in
größeren Städten, die isolirt innerhalb
ihrer Stadtgrenzen, nicht befürchten müs=
sen, von einem zweiten Bundesvereine
in ihrem Wirken überflügelt zu werden,

und in Folge dieser Sicherheit in ihrem
Streben nachlassen und anstatt vor=
wärts, rückwärts gehen.

Die Bestimmungen hinsichtlich des
Bundesorganes erlitten abermals eine
Veränderung, indem beschlossen wurde,
die Turnzeitung vom 11. November
1854 an, in größerem Format und klei=
nerer Schrift wöchentlich erscheinen
zu lassen, um möglichst Raum zur Be=
sprechung der politischen Tagesfragen zu
erzielen. Durch die Aufnahme von An=
zeigen sollte hinsichtlich des Kostenpunk=
tes eine Erleichterung für die Bundes=
kasse erreicht werden, indem man dadurch
auf bedeutende Einnahmen rechnete.
Gegen den schon mehrfach bekämpften
Beschluß, nach welchem die Vereine ge=
halten waren, für so viele Nummern der
Zeitung zu zahlen, als sie Mitglieder
hatten, wurde auf's Neue von verschie=
denen Delegaten, doch wieder vergeblich
angekämpft, und eigenthümlich ist es,
daß gerade die Befürworter dieser Maß=
regel, Vereinen angehörten, (wie z. B.
New York) die einige Jahre später die=
selbe auf das Heftigste angriffen.

Philadelphia erhielt auf ein weiteres
Jahr den Vorort, Cincinnati das Bun=
desturnfest und Buffalo die Tagsatzung
für 1855.

Der Jahresbericht über die Finanzen
des Bundes, welcher, da die Bücher des
Schatzmeisters sich in der größten Unord=
nung befanden, durch den Notar J. M.
Reinhard in Philadelphia, dem die
Bücher zur Revision übertragen waren,
ausgefertigt wurde und erst nachträglich
zur Veröffentlichung kam, bewies auf
das Schlagenste die Saumseligkeit der
meisten Bundesvereine hinsichtlich ihrer
finanziellen Verbindlichkeiten. Da der
geringe Kassenbestand im September,

durch die Ausgaben für Festpreise u. s.
w. gänzlich erschöpft war, so entstand
durch den Druck der Turnzeitung und
der Tagsatzungsprotokolle eine ziemliche
Schuldenlast, die die Thätigkeit des neuen
Vororts, welcher am 15. Oktober sein
Amt antrat, vielfach hemmte. Die Einnahmen beliefen sich auf $1,919.76. Die
Ausgaben auf $1,806, ausschließlich der
durch das Fest verursachten Auslagen.
Die Rückstände für Zeitungsgelder,
Turnbücher hatten bereits eine Höhe von
$1,021.34 erreicht, welche noch durch
Quartalbeiträge um $34.37 vermehrt
wurden. Da die nachlässige Buchführung des Bundes-Schatzmeisters dem
Bunde keinen direkten Schaden verur-
sachte, so wurden keine weiteren Schritte
gegen denselben unternommen oder kam
mit einer, allerdings sehr streng gefaßten
Rüge davon.

Der neue Vorort bestand aus folgenden Mitgliedern :

Wilhelm Rapp, erster Vorsitzer.
Renatus Schultz, zweiter Vorsitzer.
Gottfried Becker, erster Schriftführer.
H. Kirchner, zweiter Schriftführer.
Julius Diller, dritter Schriftführer.
Johann Dotter, erster Schatzmeister.
Friedrich Rahner, zweiter Schatzm.
Lorenz Lang, erster Turnrath.
Gustav Tafel, zweiter Turnrath.

Die Redaktion des Bundesorganes
wurde dem ersten Vorsitzer W. Rapp und
die Expedition dem ersten Schriftführer
G. Becker, übertragen.

Das Jahr 1855 war für die Turnvereine nichts weniger als günstig ; die
allgemeine Geschäftsstockung, welche sich
Ende des vorhergehenden Jahres in so
bedauerlicher Weise schon bemerkbar gemacht hatte, äußerte sich überaus läh-
mend auf das deutsche Vereinsleben.

Die in diesem Jahre veröffentlichten Berichte enthalten deshalb auch zumeist nur
Klagen über den Verlust von Mitgliedern und sonstige mißliche Vereinszustände ; nur sehr wenige Vereine konnten ihre frühere Stärke behaupten, und
eine nicht unbedeutende Anzahl verloren
sogar ein Drittel und mehr ihrer Mitglieder durch Austritt, Streichung oder
Abreise. Daß unter solchen Umständen
weder der Bund, noch die Vereine, in
irgend welcher Beziehung einen nennens-
werthen Erfolg aufzuweisen hatten, ist
erklärlich ; zugleich trug die Haltung der
Turnzeitung nur wenig dazu bei, den dem
sich allenthalben zeigenden Rückschritt zu
begegnen oder den Eifer und die That-
kr.ft der Turner durch geeignete Aufmunterungen zu stärken und zu heben,
indem gerade der Jahrgang 54 — 55
der Turnzeitung, sich durch einen gänzlichen Mangel an turnerischen oder auf
das Turnvereinsleben bezüglichen Artikeln auszeichnet.

Die Turnzeitung erschien seit dem
neuen Geschäftsjahre in schönerer Aus-
stattung und war am Kopfe mit der Gestalt eines frischs, frei-fröhlichen Turners
gezet, welcher, wallenden Haares und
kühner Haltung, in der Rechten den
Schläger, und den linken Arm auf einem
mit einer Freiheitsgöttin geschmücktem
Schilde stützend, gar herausfordernd in
die Welt schaute. Was dem Blatte
durch den Mangel an turnerischen Artikeln abging, ersetzte es durch meist gediegene, literarische und frei-religiöse
Aufsätze, (letztere hauptsächlich von G.
Becker) und eine politische Rundschau,
in welcher im Geiste und Sinne der
Platform des Bundes, die damaligen
Brennpunkte der amerikanischen Politik,
Nativismus und Sclaverei, auf das
Entschiedenste bekämpft wurden.

Es konnte nicht fehlen, daß dieses entschiedene Auftreten seitens des Organs des Turnerbundes, die Aufmerksamkeit der übrigen Presse sowie des Publikums deutscher und amerikanischer Abstammung erregte, und wie früher schon bemerkt, zu Angriffen auf die Turnvereine und die Turnzeitung Veranlassung gab ; besonders war es die deutsch=demokratische Presse, die, auf Seiten der Sclavenhalter stehend, dem Turnerbunde seine Tendenz und die politische Haltung seines Organs, zum Vorwurf machte. An dem journalistischen Kampfe zwischen der deutschen freisinnigen Presse und den Blättern der sogenannten „Hunkerpartei" nahm die Turnzeitung in hervorragender Weise Antheil ; leider jedoch auch in der damals üblichen und nicht so würdevollen Weise wie man es doch gerade vom Organe der Turner hätte erwarten dürfen.

Den prinzipiellen Angriffen, denen die Turnvereine in diesem Jahre unterworfen waren, reihten sich eine Anzahl, von der Mucker= und Knownothing=Partei geplanter und in's Werk gesetzter Angriffe an, von ernstlicherer Art, als man bisher gewohnt war, die von den Turnern nur mit den Waffen in der Hand zurückgewiesen werden konnten. Die älteren Turner in Cincinnati und Columbus wissen besonders davon zu berichten. Erstere Stadt war am 2., 3. und 4. April der Schauplatz eines Aufruhrs, welcher bei Gelegenheit einer städtischen Wahl von den Knownothings in Szene gesetzt wurde, zu dem Zwecke, den im Auslande geborenen Bürgern ihr Recht am Stimmkasten zu rauben und die Wahl im nativistischen Interesse zu beeinflussen. Die deutschen Bürger, hauptsächlich die Turngemeinde Cincinnati, nahmen in ruhmvoller Weise den Kampf auf und verhinderten die

schmählichen Zwecke der Know=Nothings. An mehreren Stellen der Stadt kam es zu Kämpfen und Blutvergießen, und auch die alte Kunst des Barrikadenbaues mußte wieder in Anwendung gebracht werden.

Diese drei Apriltage bilden in der Geschichte der Cincinnati Turngemeinde gewiß eines der rühmlichsten Blätter. Der „Hochwächter" gedenkt in einem Berichte über die Vorgänge der Turngemeinde in folgender anerkennenswerther Weise :

„Die hiesigen Turner haben sich bei den letzten Wahlaffairen auf eine würdige und anerkennenswerthe Weise benommen. Außer dem moralischen Muth, der Entschlossenheit und der Selbstaufopferung, die von diesen braven Jünglingen an den Tag gelegt wurde, hat sich aber auch ihre militärische Organisation auf's Glänzendste bewährt. Ein so gut geschultes, so excellent bewaffnetes und von einem solchen Geiste beseeltes Häuflein muß sicherlich im Stande sein, es im Moment der Gefahr mit einer dreifach überlegenen Anzahl von Feinden aufzunehmen."

In Columbus war es wieder ein am 4. Juli abgehaltenes Turnfest, welches den nativistischen Rowdybanden Veranlassung gab, mit ihrer bekannten Brutalität und Rohheit über die Turner herzufallen, und nicht genug, daß man mit Steinen, Messern, und selbst Schußwaffen über sie herfiel und eine ziemlich bedeutende Anzahl von ihnen verwundete, es wurden auch, weil sie sich mannhaft ihrer Haut gewehrt hatten und einer der Angreifer seinen Frevel mit dem Leben büßen mußte, 19 von ihnen verhaftet und am 23. und 26. Juli wegen „Angriffs in

mörderischer Absicht" prozessirt, und nur
den energischsten Anstrengungen und den
bedeutenden Geldmitteln, welche den Turnern von Columbus von vielen Vereinen
des Bundes zur Verfügung gestellt wurden, war es zu danken, daß der Prozeß
mit der gänzlichen Freilassung der Angeklagten endete.

Das Bundesfest für dieses Jahr fand
vom 15. bis 19. September in Cincinnati statt. Ueber den Verlauf des Festes
findet sich kein Bericht im Bundesorgane
vor, es enthält nur die von dem Vorsitzer
des Vororts, Wm. Rapp, gehaltene Fest-
Rede und die Namen der Sieger in den
verschiedenen turnerischen Wettkämpfen,
die hier einen Platz finden mögen.

Im Turnen:
Hertel, Conrad, Witt, Bohländer,
Erdt von Cincinnati. Schwine von Hamilton. Gräfer von Milwaukee. Dietrich, Wiesing, von Cincinnati. Hartmann
von Terre Haute. Marmein, Cincinnati,
und Gebhard von Louisville.

Fechten:
Schreiber von Cincinnati und Blandowsky von Philadelphia.

Büchsenschießen:
Bäuerlein, Meier und Oberle von Cincinnati.

Pistolenschießen:
Müller und Krückel von Cincinnati.

Deklamiren:
Wilhelm Rothacker, von Cincinnati.

Wegen des mißlichen Standes der
Bundeskasse hatte der Vorort unterlassen,
für literarische Arbeiten Preise auszu-
setzen.

Die Zeit von 1854 bis 1857 war eine
der bedeutungsvollsten Perioden in der
Entwicklung und Erstarkung des deutschen
Elementes. Der Kampf gegen die immer
drückenderen Uebergriffe der Sclavenhal-

ter war mit einer außerordentlichen Hef-
tigkeit entbrannt, welche alle andern politischen Fragen mehr oder weniger in den
Hintergrund drängte.

Die Aufhebung des Missouri Com-
promisses, das fluchwürdige Sclaven-
jagdgesetz und der Kansas-Nebraska-
Streit bildeten die Brennpunkte der damaligen Politik. Für den deutschen Bürger kam noch die Agitation der Know
nothings und Temperenzler dazu, um für
ihn den politischen Kampf noch um so
heftiger und folgenschwerer zu machen.

Die deutsche Emigration, welche vor
dem Jahre 1848 eingewandert, befand
sich größtentheils in den Reihen der demokratischen Partei, während die nach jenem Jahre eingewanderten Bürger, sich,
hauptsächlich der Sclavenfrage wegen,
der Free soil-, später republikanischen Partei angeschlossen hatten; da nun die Agitation in jenen Fragen gerade in die Zeit
fiel, wo die neuere Emigration sich aktiv
an der Politik, mit Ausübung des
Stimmrechtes, betheiligen konnte, so
wurde der politische Kampf nur um so
heftiger und erbitterter, und mußte natürlich auch auf das Verhalten der Turnvereine und die Verhandlungen der Tagsatzung in Buffalo einen entschiedenen
Einfluß ausüben.

Mit Spannung sah man den Berathungen entgegen, und, wie nicht anders
zu erwarten war, die Delegaten kannten
ihre Aufgabe und erledigten sich derselben
in furchtloser und unzweideutiger Weise,
unbekümmert um die Winke und Verlock-
ungen, ja selbst Drohungen, die von
gegnerischer Seite gebraucht wurden, um
die Tagsatzung zu veranlassen, den Turnerbund in prinzipieller Beziehung, (wenigstens in Bezug auf die Sclavenfrage)
nicht mit der Platform der herrschenden
Partei, in Conflikt zu bringen.

Die Tagsatzung tagte vom 24. bis 27. September 1855 in Buffalo. Vertreten waren 47 Vereine durch 33 Delegaten. Den Vorsitz führte C. F. Bauer von Pittsburgh, Eduard Müller wurde zum 1. Vorsitzenden und F. Fauerbach, R. Schulz und G. Tafel zu Schriftführern ernannt.

Der Vorort, vertreten durch W. Rapp und G. Becker, erstattete einen kurzen Bericht, der sich jedoch nur auf einige wenige statistische Punkte beschränkte; die Stärke des Bundes wird auf 74 Vereine angegeben. Die Mitgliederzahl mochte nach den kurz vorher veröffentlichten Halbjahrsberichten, circa 4500 betragen. Außerdem stand der Vorort mit 12 dem Bunde nicht angehörenden Vereinen in Verbindung. Der Turnverein zu Houston, Texas, war wegen der „abolitionistischen" Haltung der Turnzeitung aus dem Bunde ausgetreten.

Die wichtigste und folgenreichste Arbeit der Tagsatzung war die Abänderung der Platform des Bundes, indem dieselbe eine bestimmte und nicht mißzuverstehende Fassung bezüglich der wichtigsten politischen Tagesfragen erhielt, eine Fassung, welche für eine Reihe von Jahren, mit wenig Abänderungen, selbst nach erfolgter Trennung des Bundes, für beide Theile maßgebend blieb. Sie lautete:

„Satzungen des socialistischen Turnerbundes in Nord-Amerika.

Der Turnerbund hat zum Zweck, in seinen Mitgliedern Männer von kräftigem Körper und verständigem, vorurtheilsfreiem Geiste zu bilden, und es ist demnach seine Aufgabe, durch alle ihm zu Gebote stehenden Mittel die socialen, politischen, religiösen Reformen im Sinne des radikalen Fortschrittes zum richtigen Verständnisse seiner Mitglieder zu bringen, um sie sowohl dadurch als durch ihre Organisation und ihre praktischen Uebungen zu befähigen, an den obigen Reformen sich im Einzelnen oder durch den Bund zu betheiligen und ihre Rechte und Grundsätze zu vertheidigen.

Die Vertretung der Prinzipien des Turnerbundes in Beziehung auf amerikanische Politik kann bei der jetzigen Parteistellung nur durch Bekämpfung der bestehenden Mißbräuche geschehen. Der Turnerbund betrachtet als die Brennpunkte dieser Mißbräuche: Sclaverei, Nativismus und Temperenzzwang und stellt daher folgende Sätze auf:

1) Die Turner geben keinem Manne zu irgend einem Amte ihre Stimme, der zu dem Orden der Knownothings oder irgend einer nativistisch gesinnten Corporation oder Partei gehört, oder sich nicht öffentlich dagegen ausspricht.

2) Die Turner sind gegen die Sclaverei, hauptsächlich aber gegen die Ausbreitung derselben in freie Territorien, indem sie dieselbe als einer Republik durchaus unwürdig und freien Principien schnurstracks zuwiderlaufend betrachten.

3) Die Turner sind gegen jedes Temperenzgesetz als undemokratisch im Prinzip, ungerecht und unpraktisch in der Ausführung."

Die Annahme dieser Platform, welche dem Turnerbunde eine entschiedene Stellung in der amerikanischen Politik anwies, erfolgte mit einer großen Majorität, zwar nicht ganz ohne Opposition, da die Delegaten einiger Vereine darauf hinwiesen, daß die Stellung der Turnvereine in den Sclavenstaaten durch die Annahme der Platform eine sehr unsichere, ja für die Mitglieder persönlich gefährliche werden möchte; doch waren es nur Zweckmäßigkeitsrücksichten und keine prinzipiellen Einwände, die dagegen geltend gemacht wurden, indem sämmtliche Delegaten (mit einzelnen Ausnahmen vielleicht) sich im Princip mit der Platform einverstanden erklärten.

V.

Außer der Amendirung der Bundes-Platform, lag der Tagsatzung in Buffalo noch eine andere Angelegenheit vor, deren Wichtigkeit eine reifliche Erwägung erforderte, da durch dieselbe auf der einen Seite die günstigsten Resultate für den Bund, auf der anderen Seite jedoch das Gegentheil, ja sogar eine möglicherweise stattfindende Zersplitterung des Bundes in Aussicht gestellt wurde; es war dieses das im Schooße der Cincinnati Turngemeinde entstandene Projekt einer Turner-Ansiedlung im Westen.

Die erste Anregung zu diesem Unternehmen gab Turner „W. P.“, (Wilhelm Pfänder,) in einem Artikel der Turnzeitung unter dem Titel: „Praktisches Turnen“ im März 1855, in welchem das Projekt in seinen äußeren Umrissen und die Vortheile desselben dargelegt wurden. Dieser Artikel rief mehrfache Entgegnungen hervor, in welchen besonders davor gewarnt wurde, daß die Angelegenheit zu einer direkten Bundessache gemacht würde, was übrigens von den Unternehmern auch nicht beabsichtigt wurde.

Die Turngemeinde in Cincinnati nahm die Sache, nachdem das Dafür und Dawider in den Spalten der Turnzeitung reiflich erwogen war, vorläufig selbst in

die Hand und ernannte einen Verwaltungsausschuß, dessen Vorsitzer W. Pfänder war. Der Verwaltungsausschuß arbeitete einen provisorischen Organisationsplan aus, nach welchem Aktien ausgegeben werden sollten, a 15 Dollar, für welche ein Stück Land angekauft und eine Stadt angelegt werden sollte und dem Einzelnen als Gegenwerth seiner Einlage eine Heimstätte in Stadtbauplätzen oder Farmländereien garantirt wurde. Die Betheiligung an dem „Nordamerikanischen Ansiedlungsverein“, wie der provisorische Name des Vereins war, sollte bis zur festen Annahme einer Constitution, auf die Mitglieder des Turnerbundes beschränkt bleiben. Der Tagsatzung bleibt es natürlich vorbehalten zu entscheiden, ob überhaupt, oder in welcher Weise der Bund sich an der Beaufsichtigung und Ausführung des Unternehmens betheiligen sollte.

Nach einer längeren Debatte wurde die Vorlage der Cincinnati Turngemeinde von der Tagsatzung angenommen und der Beschluß gefaßt: „Der Bund beauftragt die Cinc. Turngemeinde mit der Aufsicht und Controlle über das Ansiedlungsproject.“ Die Tagsatzung kam demnach dem Wunsche der Unternehmer entgegen, indem sie im Prinzipe die Angelegenheit zur Bundessache machte, ohne eine direkte Einmischung des Bundes zu beanspruchen oder ein Risiko zu übernehmen.

Der Finanzbericht des Schatzmeisters des Vororts, welcher übrigens von einem durch die Tagsatzung ernannten Revisions-Committee zusammengestellt werden mußte, da die Kassabücher des Vororts wiederum in höchst verworrener und unklarer Weise geführt worden waren, zeigten Ausstände für Zeitungsgelder u. s.

w. im Betrage von über 4600 Dollars.
Es schuldete demnach durchschnittlich jedes Mitglied des Bundes an denselben
circa $1. Trotzdem nach Angabe der
Bücher die Zeitung einen Reinertrag von
$2176 16 Cts abgeworfen hatte, restirte
der Bund für den Druck der Zeitung
$2400; also trotz allem Profit eine leere
Kasse und eine bedeutende Schuldenlast.

Man sollte glauben, daß nach den bit-
tern Erfahrungen, die man in den letzten
Jahren in Betreff der finanziellen Verhältnisse mit der Zeitung gemacht hatte,
die, obwohl einen bedeutenden Profit ab-
werfend, den Bund doch nur in finanzielle
Verlegenheiten und Schulden brachte, da
die meisten der Vereine die ihnen durch
den Zeitungszwang auferlegten Lasten
nicht zu tragen vermochten, die Tagsatzung auf Mittel und Wege gedacht
hätte, diese Lasten zu verringern, entweder durch Aufhebung des Zeitungszwanges, oder wenn man dadurch die Zeitung
gefährdet glaubte, durch energische und
regelmäßige Eintreibung der Zeitungsgelder, selbst auf d e Gefahr hin, einige
Vereine zu verlieren, da in der immer
mehr anwachsenden Schuldenlast offenbar
eine größere Gefahr für den Bund lag,
als in dem Verlust einer Anzahl Vereine.
Doch nichts von alledem wurde von der
Tagsatzung ernstlich in Berathung gezogen, dagegen sogar eine abermalige Vergrößerung des Blattes beschlossen, da die
politische Agitation derart in den Vordergrund getreten war, daß alle andern
Fragen ihr untergeordnet wurden. War
dieser Beschluß unter den mißlichen
finanziellen Verhältnissen des Bundes
schon eine Maßregel von sehr zweifelhaf-
tem Werthe, so war ein weiterer Beschluß,
welcher die Redaktion der Zeitung unabhängig vom Vorort stellte und ihre An-

stellung durch die Tagsatzung verfügte und
ihre Absetzung von Abstimmung der Vereine
abhängig machte, entschieden unpraktisch
und schädlich für die Interessen des Bundes. Die Redaktion erhielt dadurch eine
Machtstellung, die gewissermaßen größer
war, als die des Vorortes selbst, und
schon die Vorgänge des nächsten Jahres
bewiesen, daß die Gefahr, die in einer
solchen Stellung lag und auf welche bei
der Tagsatzung selbst auch hingewiesen
wurde, keine blos geträumte war, sondern sich zum Nachtheile des Bundes
wirklich herausstellte.

Das Bundesfest für 1856 wurde nach
Pittsburgh, die Tagsatzung nach Washington und der Vorort nach Cincinnati
verlegt. Als Redakteure der Turnzeitung wurden ernannt: Wilhelm Rapp
und Gottfried Becker.

So sehr die Tagsatzung in prinzipieller
Hinsicht ihre Aufgabe erfüllt hatte, indem sie dem Bunde eine Platform gegeben, welche in umfassender und entschiedener Weise die Forderungen der radikalen Fortschrittspartei enthielt, so wenig
auf der andern Seite verstand sie es,
den nicht minder wichtigen Theil der Bestrebungen des Turnerbundes: Die körperliche Ausbildung, welche bereits deut-
liche Spuren des Rückschritts bemerken
ließ, durch geeignete Vorkehrungen vor
einem allmähligen Verfall zu bewahren.
Trotz der Anstellung zweier Redakteure
wurde weder Sorge getragen, daß tech-
nisch turnerische Artikel regelmäßig im
Bundesorgane zu erscheinen hatten, auf
deren Nothwendigkeit auf der Tagsatzung mehrfach hingewiesen wurde;
auch in Bezug auf Heranbildung tüchtiger Lehrkräfte für den Turnbetrieb und
die Turnschulen der Vereine geschah nicht
das Mindeste; man fing eben an, die

politische Tendenz des Bundes als Hauptsache zu betrachten, und gewöhnte sich daran, das Turnen den Vereinen selbst zu überlassen und glaubte genug gethan zu haben, bei Bundesfesten Preis= turnen zu veranstalten und die besten Turner von Bundes wegen mit Werth= gegenständen zu belohnen.

Die Einwanderung von Deutschland hatte in den ersten Jahren des Bestehens des Bundes demselben eine große Anzahl tüchtiger Turner zugeführt, unter deren Leitung und Betheiligung sich das Tur= nen zu einem hohen Grade der Vollkom= menheit entfaltet hatte; die spätere Ein= wanderung jedoch, welche sich den Turn= vereinen anschloß, brachte nicht die gleiche turnerische Fertigkeit und Ausbildung mit, da die Turnerei in Deutschland, durch die Unterdrückung die ihr von Sei= ten der Reaktion zu Theil wurde, nur in kümmerlicher Weise ihr Dasein fristen konnte und nur in größeren Städten wie Leipzig, Berlin u. s. w., in alter Weise fortbestand. Der allmählige Rücktritt der älteren Turner machte sich deshalb auf den Turnplätzen sehr fühlbar, um so mehr, da das jüngere, hier erzogene deutsch=amerikanische Element mehr als heute noch, deutschen Bestrebungen und Anschauungen fremd oder wenigstens ohne Verständniß gegenüber stand. Bei dieser Sachlage wäre es eine gebieterische Pflicht der leitenden Behörden gewesen, die größte Aufmerksamkeit und Sorgfalt auf den Turnbetrieb zu verwenden, um die errungenen Resultate zu erhalten und weiter zu vervollkommen; doppelt zu be= dauern ist es, daß dieses nicht geschah, denn die damalige Sorglosigkeit dem Turnen gegenüber, rächte sich bis in un= sere Zeit. Als eine direkte Folge hier= von, entstanden jene Kämpfe und Strei= tigkeiten in den Vereinen zwischen den Turnern, welche die politische Tendenz als das eigentliche Feld der Thätigkeit des Bundes betrachteten und den soge= nannten „praktischen Turnern," welche die Hutenansetzung der Turnerei als eine Folge dieser Tendenz ansahen und diese deshalb bekämpften.

Am 28. Oktober 1855 trat der neue Vorort sein Amt an, er bestand aus fol= genden Mitgliedern der Cincinnati Turn= gemeinde:

H. Esmann, erster Vorsitzender.

F. Bertsch, zweiter Vorsitzender.

C. Koehne, erster Schriftführer.

J. B. Wernert, zweiter Schriftführer.

Wm. Rothacker, corresp. Schriftführer.

J. Boehm, Schatzmeister.

A. Eggers, Buchhalter.

A. Wagner,
C. V. Bechmann, } Turnräthe.

Die Turnzeitung, welche vom ersten November obigen Jahres an in vergrö= ßertem Formate in Cincinnati erschien, wurde durch einen Vorortsbeschluß auch in geschäftlicher Beziehung unabhängig von äußern Einflüssen gestellt, indem ein eigenes Lokal, Typen, Setzer u. s. w. der Redaktion zur Verfügung gestellt wurden. Mit der Turnzeitung wurde eine monat= liche Beilage ausgegeben, welche alle spe= ziell turnerischen Angelegenheiten, Be= richte u. s. w. enthielt.

Durch Annahme der neuen Platform wurde die Stellung der in den Sclaven= staaten gelegenen Turnvereine eine we= sentlich andere. Es galt jetzt, offen für das Princip einzustehen und mit allen möglichen Consequenzen den Kampf ge= gen das „eigenthümliche Institut der Südstaaten, die Sclaverei," zu bestehen.

Manchem Turner im Süden, der sonst mit der Platform des Bundes einverstan= den war, mochte doch die neue Sachlage bedenklich erscheinen, um so mehr, da durch das Herannahen des Präsidenten-wahlkampfes die politischen Wogen immer höher stiegen und der bloße Verdacht des Abolitionismus schon hinreichte, persönlicher Gefahr ausgesetzt zu sein. Zugleich ließ es die gegnerische oder „Hunker-Presse," an Hetzereien gegen die Turnvereine nicht fehlen, indem die Platform des Bundes den Vorwand abgeben mußte, sie als lediglich politische Vereine hinzustellen und ein Vorurtheil gegen sie hervorzurufen.

Zum Theil aus Rücksicht auf ihre Existenz, die sie gefährdet glaubten, mehr jedoch aus principiellen Gründen, erklärten kurz nach der Buffalo Tagsatzung einige südliche Vereine ihren Austritt aus dem Bunde. Den Reigen eröffnete der Charleston Turnverein, Savannah, Mobile und Augusta folgten ; zugleich wurde von dem ersteren der obigen Vereine der Versuch gemacht, alle südlichen Vereine zu dem gleichen Schritte zu bewegen, um einen neuen Turnerbund auf einer südlichen Grundlage zu gründen ; dieses Projekt scheiterte jedoch an der Gesinnungstüchtigkeit und Bundestreue der übrigen Vereine, die mit Entschiedenheit das Ansinnen zurückwiesen und verdammten. Die Vereine in Wheeling und St. Louis traten ganz besonders in den Vordergrund gegen das Projekt eines „Südlichen Turnerbundes."

Mit allgemeiner Entrüstung wurde von Seiten der Turner und der freisinnigen Presse der Austritt obiger vier Vereine aus dem Bunde entgegen genommen und demselben eine Bedeutung untergelegt, die er durchaus nicht hatte, sondern erst in Folge der Behandlung, die ihm von Seiten der Presse zu Theil wurde,

erhielt. Selbst in der Turnzeitung wurde die Angelegenheit in einer Art und Weise verhandelt, die nur durch die damalige politische Aufregung und den zu jener Zeit vielfach üblichen journalistischen Ton entschuldigt werden kann, doch nichtsdestoweniger die Mißbilligung vieler Mitglieder des Bundes hervorrief.

Einen offiziellen Ausdruck fand diese Mißbilligung in einer Versammlung von Delegaten der Turn-Vereine New York und Umgegend, welche vom Socialistischen Turnverein von New York einberufen worden war, um über gewisse Vorschläge zu berathen, welche von Seiten des Socialdemokratischen Turnvereins von Baltimore den Turnvereinen unterbreitet wurden und die Anstellung zweier Redakteure durch die Tagsatzung, sowie den Preis der Turnzeitung betrafen. Da diese Versammlung den direkten Anstoß zu den kurz darauf entstandenen Wirren und der Spaltung im Bunde gab, so ist es nothwendig, längere Zeit bei ihr zu verweilen.

Das Schreiben des Vereins zu Baltimore an die Bundesvereine lautete :

„Der social-demokratische Turnverein zu Baltimore, als Glied des socialistischen Turnerbundes, welcher bisher mit wahrer Treue und vollem Enthusiasmus an demselben hing, fühlt sich in seinen Erwartungen der zu Buffalo gefaßten Tagsatzungsbeschlüsse bitter getäuscht und sieht in Folge dessen einer „Katastrophe" im Bunde entgegen.

Da wir nun als treue Anhänger des Bundes, denselben vor einer in Aussicht stehenden Zersplitterung schützen wollen, so protestiren wir auf das Entschiedenste gegen die auf der Tagsatzung gefaßten folgenden Beschlüsse :

1. Daß zwei Redacteure für ein wöchentliches Blatt mit einer Besoldung von $1500 angestellt sind. Nicht als ob wir $710 für einen Redacteur zu hoch finden, sondern wir sehen keine Nothwendigkeit, zwei Redacteure zur Redigirung eines wöchentlichen Blattes anzustellen, und halten demnach die Bezahlung der doppelten Summe für Luxus.

Wir schätzen das geistige Wohl, welches durch die beiden Redacteure hervorgebracht wird, sehen uns aber genöthigt, Rücksicht auf die materiellen Verhältnisse zu nehmen, indem die Mehrzahl der Turner der arbeitenden Klasse angehört und folglich es jedem Verein schwer fällt, die Summe für die Turnzeitung aufzubringen.

2. Daß der Preis der Turnzeitung für die Nichtturner auf 5 Cts. festgesetzt ist. Hierin finden wir eine Hemmung in der Verbreitung unserer Sache, indem der größere Theil unserer Gönner zurückstehen wird, die Turnzeitung zu halten und es doch unsere Pflicht ist, sie soviel als möglich zu verbreiten zu suchen.

3. Gegen die Annahme der Entschuldigung des Bundesschatzmeisters (inclusive der Bundesbeamten). Wir legen hiermit ein Mißtrauens-Votum gegen dieselben ein, indem sie sich erdreistet haben, mit grenzenlos verwirrten Rechnungsbüchern vor den Delegaten zu erscheinen. Es liefert uns dieses einen Beweis, wie nachlässig die Beamten den Bund verwaltet haben."

(Dieses bezieht sich natürlich auf den Philadelphia Vorort. Anmerkung des Verfassers.)

„Da wir nun sämmtlichen Bundes-Vereinen unsere Ansicht hierüber zu wissen thun, fordern wir sie im Interesse des Bundes auf, ebenfalls die oben angeführten Oppositionspunkte zu berathen und ihre Meinung über dieselben uns schriftlich mitzutheilen, damit wir sehen, ob zwei Drittel der Vereine unserer Opposition beistimmen. In Bezugnahme auf Obiges bemerken wir noch, daß es durchaus nicht unsere Absicht ist, hierdurch eine Wühlerei im Bunde herbeizuführen, sondern das Gegentheil, wir suchen demselben eine sichere Existenz zu gründen.

Im Auftrage des social-demokratischen Turnvereins zu Baltimore.

Fr. Müller,
corresp. Schriftw.

In Folge dieses Briefes veranstaltete der Vorstand des New Yorker Soc. Turnvereins eine Delegatensitzung der umliegenden Vereine, um über die Vorschläge Baltimore's zu berathen, und zugleich von dem Wunsche beseelt, das freundschaftliche Verhältniß und den Verkehr mit den Nachbarvereinen zu heben, und besonders den kleinen Vereinen, welchen das Beschicken der Tagsatzung durch einen eigenen Delegaten zu schwer fällt, Gelegenheit zu geben, ihre Ansichten und Wünsche in Bundes- und Vereinsangelegenheiten auszusprechen. Diese Delegatensitzung fand am 16 Dezember statt und war durch 8 Vereine beschickt.

Bei Eröffnung der Versammlung wurde von Seiten des Vorstandes des N. Y. Vereins die Erklärung abgegeben, daß keine Anträge zur Abstimmung gebracht werden könnten, welche mit den Beschlüssen der Buffalo Tagsatzung in Widerspruch stünden; daher könne auch über die Baltimore Beschlüsse wohl berathen aber nicht bindend abgestimmt werden. Die Anträge Baltimore's wurden durch folgende Erklärungen erledigt: Die Frage, betreffs der Redakteure, ob einer oder zwei, dahin, daß sich alle Anwesenden mit Ausnahme der Delegaten von Newark, für den Tagsatzungsbeschluß, also für zwei Redakteure, erklärten. Die zweite Frage: ob eine Preisermäßigung der Turnzeitung für Nichtturner praktisch sei? wurde verneint, mit dem Bemerken, daß Turner, welche zur Verbreitung der Turnzeitung zu einem geringeren Preise als a 5 Cents per Nummer beitragen wollen, dazu ja Gelegenheit hätten, wenn sie die Zeitung zum Kostenpreise abgäben. In der Frage, eines Mißtrauensvotums gegen den alten Vorort, wurde einfach auf die Rüge hingewiesen, welche der Vorort bei der Tagsatzung bereits erhalten hatte. Nach Erledigung dieser Punkte wurde zu allgemeinen Verhandlungen geschritten.

Der Delegat von Poughkeepsie beklagte sich im Auftrage seines Vereins darüber, daß die Turnzeitung zuweilen Artikel enthalte, die durchaus nicht geeignet wären, zur Bildung der Turner oder zum Nutzen des Bundes beizutragen, indem in ihnen eine wirklich pöbelhafte Sprache geführt würde, als Beweis verließt er einen den Austritt des Charlestoner Turnvereins betreffenden Artikel; zugleich verwahrt er sich entschieden gegen die Annahme, als billige er oder sein Verein im Entferntesten die Handlungsweise besagten Vereins oder die Principien der „Hunkerpartei“. Er stellte deshalb den Antrag: „Sollten die Schimpfereien in der Turnzeitung fortgesetzt werden, so halten sich die vertretenen Vereine für verpflichtet, die Absetzung der Redaktion im Bunde zur Ab-

stimmung zu bringen.“ Dieser Antrag wurde angenommen.

Weitere Beschlüsse wurden gefaßt dahin gehend, daß die Redaktion der Turnzeitung dafür sorgen soll, daß mehr Artikel über das Technische der Turnerei veröffentlicht werden, und weiter, daß Falls die Redaktion nicht im Stande sei derartige Artikel zu liefern, ihr das Honorar dafür in Rechnung gebracht werde. Der New Yorker Verein wurde aufgefordert, diese Beschlüsse, für welche sich kurz darauf noch weitere vier, bei der Versammlung nicht vertretene Vereine, erklärten, dem Vororte mitzutheilen. Der Verein entledigte sich seines Auftrages, indem er nicht nur dem Vororte, sondern auch den Bundesvereinen im weiteren Umkreise von New York, diese Beschlüsse mit einer Motivirung derselben mittheilte.

Man sollte es kaum für möglich halten, daß in dieser Versammlung und den daselbst gefaßten Beschlüssen, eine bundesfeindliche Absicht und der Versuch einer Demonstration gegen die Platform des Bundes zu erblicken sei; doch nicht nur dieses geschah, es wurde sogar die Versammlung als im Einverständniß und im Interesse der Sklavenhalterpartei handelnd hingestellt. Die Beschlüsse wurden von Seiten des Albany Turnvereins in den daselbst erscheinenden „Freien Blättern“ veröffentlicht und „reaktionäre Bestrebungen gegen die Principien des Bundes“ genannt. Die Blätter beider Parteien bemächtigten sich der Sache und zwar in solcher Art und Weise, daß der an und für sich noch geringfügige Conflict in Kurzem eine solche Ausdehnung erhielt, daß eine Beilegung desselben von vornherein schon äußerst schwierig gemacht wurde.

Die Turnzeitung copirte gewissenhaft alle ihr in dieser Frage günstigen Artikel aus Wechselblättern, selbst solche, welche direkte Beleidigungen und Anschuldigun= gegen die Vereine enthielten, welche die erwähnten Beschlüsse gefaßt hatten, und sie that dieses ohne die Beschlüsse selbst, oder einen Protocollauszug der Delegatensitzung zu bringen, was, wenn es früh genug geschehen wäre, den begin= nenden Streit verhindert haben würde, indem das gegen die Vereine von New York und Umgegend hervorgerufene Vor= urtheil eben so schnell hätte schwinden müssen, wie es entstanden war. Doch die Turnzeitung ging weiter, sie behan= delte die gefaßten Beschlüsse in Verbin= dung mit einigen Artikeln der reaktionä= ren Presse, z. B. der „New Yorker Staatszeitung", dem damaligen Haupt= organ der demokratischen Partei, in wel= chem der Turnerbund wegen seiner Ten= denz auf das Heftigste angegriffen wurde, und gab dadurch Veranlassung zu dem Glauben, als bestände eine Verbindung zwischen den erwähnten Vereinen und der reaktionären Partei oder als würden erstere von letzterer als Werkzeuge be= nutzt, zu dem Zwecke, den Turnerbund zu sprengen.

Vergeblich waren alle Betheuerungen und Proteste der angegriffenen Vereine; weder ihr Protest noch ihre Vertheidi= gung kamen in die Spalten der Turnzei= tung, und eine direkte Beschwerde bei dem Vororte deshalb wurde von diesem mit einem Rundschreiben an die Bundes= vereine beantwortet, welches eine Beile= gung der Wirren nur noch mehr er= schwerte, da dasselbe die Stimmung kei= neswegs versöhnlicher machte und die Vereine von New York und Umgegend zu Beschlüssen veranlaßte, welche sie mit

ihren Pflichten als Bundesmitglieder und den Statuten (nicht der Platform) des Bundes in Widerspruch brachte.

In seinem Rundschreiben vom 11. März 1856 nahm der Vorort entschieden Partei gegen die Vereine von New York und Umgegend, welche die Delegaten= Sitzung vom 16. Dezember 1855 be= schickt hatten.

Anstatt die gefaßten Beschlüsse einfach in der monatlichen Beilage zur Turn= zeitung den Bundesvereinen zur Begut= achtung vorzulegen, oder wenigstens die Redaktion der Turnzeitung zn veranlas= sen, dieses zu thun, da diese eine Reihe von Artikeln aus Wechselblättern veröf= fentlicht hatte, in welchen obige Vereine auf das heftigste ob ihres Vorgehens an= gegriffen wurden, übernahm der Vorort sofort die Rolle des Richters und ertheilte den Vereinen eine ernstliche Rüge, weil sie „eine Art Selbsthülfe" versucht hät= ten, die „einen gewaltigen Appetit nach provisorischer Regierung verrieth", mit Umgehung der gesetzmäßigen Bundesbe= hörde"; er bestritt also zugleich das Recht der Vereine, sich zu versammeln, um über Bundesangelegenheiten zu be= rathen und beharrte auf der, durch die Turnzeitung verbreiteten, jedoch nichts weniger als stichhaltigen Behauptung, daß den Beschlüssen eine feindselige Hal= tung gegen die T e n d e n z des Bundes zu Grunde liege, trotzdem dieses von al= len Betheiligten auf das Entschiedenste und mehrfach bestritten wurde.

Bei dieser Stellung, die der Vorort in der Streitfrage einnahm, konnten seine Versicherungen, daß er in den Rund= schreiben den betreffenden Vereinen „keine Beleidigungen sondern nur Wahrheiten" sagen wolle und seine Ermahnungen, die gewiß von dem besten Willen diktirt wa=

ren: „der Sache des Bundes treu zu bleiben", nicht den gewünschten oder gehofften Erfolg haben, denn gerade durch die beobachtete Stellung des Vororts wurde ein Ausgleich schwieriger und für den Augenblick geradezu unmöglich, da für eine ruhige und objektive Erwägung der Streitpunkte die Gemüther zu erregt und von der Gerechtigkeit ihrer Forderungen und Ansichten beide Theile vollkommen überzeugt und durchdrungen waren.

In einer Versammlung am 27. März 1856 faßte der New Yorker socialistische Turnverein als Antwort auf das Rundschreiben des Vororts Beschlüsse, welche die Sache noch verwickelter machten und den Verein dem Bunde gegenüber in eine falsche Stellung brachten, indem er den gesetzlichen Boden preisgab, den er bis dahin unter den Füßen hatte und einen Akt der Selbsthülfe beging, anstatt den Vorort bei dem Bunde zu verklagen, selbst auf die Gefahr hin, daß erst die Tagsatzung in Washington die Sache zum endgiltigen Austrag bringen würde. Die Beschlüsse lauteten:

Uns gegen fortdauernde Vernachlässigung und ungerecht feindliche Stellung des Vorortes und der Redaktion der Turnzeitung verwahrend, erklären wir hiermit, daß wir treue Anhänger des Turnerbundes, wie der Buffalo Platform sind und bleiben, jedoch Vorort und Zeitung nicht mehr als Behörde und Organ anerkennen.

Da uns vom Vorort kein Recht zugestanden wird, hört aller Verkehr mit demselben bis zur nächsten Tagsatzung auf.

Da es ferner gegen die Vernunft und alles Rechtsgefühl gehandelt hieße, eine Zeitschrift halten zu müssen, die

nur für unsere Gegner offen, uns mit steter Beschimpfung und Zurücksetzung droht, so heben wir das gesetzliche Halten derselben für jedes Mitglied so lange auf, bis das Ergebniß der Bundesentscheidung durch eine rechtmäßige Tagsatzung erfolgt."

Der Williamsburger Turnverein erließ durch seinen derzeitigen Schriftführer ebenfalls eine Antwort auf das Rundschreiben des Vororts, in welcher die Handlungsweise der angegriffenen Vereine vertheidigt und folgende Erklärungen abgegeben wurden:

„In Anbetracht, daß der Vorort die in den Delegaten-Beschlüssen näher bezeichneten Uebelstände nicht abgeschafft hat, uns auch nicht in einer turnerischen Sprache entgegnet, so fühlen wir uns veranlaßt und berechtigt, dem Vorort die uns ertheilte Rüge wieder zurückzuschieben.

Wir halten es zweitens für nothwendig, dem Vorort in der Weise und Abfassung unseres Berichtes ein Ultimatum zugehen zu lassen, worin wir auf schleunige Abwickelung der obwaltenden Differenzen bringen, und falls der Vorort weder auf unsern Wunsch achten noch geeignete Schritte zur Wahrung der Bundes-Interessen thun sollte, dem Beispiele des New Yorker Turnvereins folgen und den Verkehr mit dem Vorort abbrechen würden."

Mit mehr Mäßigung und Ruhe als man dem Wortlaute des Rundschreibens nach erwarten sollte, nahm der Vorort die New Yorker Beschlüsse entgegen. Unterm 16. April ließ er durch F. Beitsch dem New Yorker Verein eine Erklärung zukommen, in welcher er die Verantwortlichkeit für die Veröffentlichung der Artifel, durch welche die Handlungsweise des New Yorker Turnvereins in ein zweideutiges Licht gestellt wurde, ablehnte und auf das durch die letzte Tagsatzung neu geschaffene Verhältniß hinwies zwischen Vorort und Redaktion, nach welchem letztere in ihrem Wirkungskreise unabhängig sei und aus Wechselblättern kopiren könne, was ihr gut dünke, dafür aber auch die volle Verantwortlichkeit bei der Tagsatzung zu tragen habe. Zugleich sprach der Vorort die Hoffnung aus, daß diese Erklärung allenfallsige erbitterte und gereizte Beschlüsse, welche weitere, veröffentlichte Artikel der Turnzeitung veranlassen könne, verhindern möge.

Als offizielle Antwort auf die Beschlüsse vom 27. April schrieb der Vorort an den New Yorker Verein:

„Auf Eure Beschlüsse haben wir nur die einfache Erwiderung zu geben, daß sie durchaus den Satzungen des Bundes entgegen und gleichbedeutend mit Austritt aus dem Bunde sind. Wir ersuchen Euch daher im Interesse der herrlichen großen Turnsache um Wiedererwägung und Rücknahme derselben.

Es können nur zwei Stellungen für Euch möglich sein: entweder steht Ihr innerhalb des Bundes, und dann könnt Ihr Euch Euren Bundespflichten in keiner Weise entziehen oder Ihr steht außerhalb des Bundes, und dann hat der Bund überhaupt nichts mehr mit Euch zu schaffen."

Der Vorort machte den Verein noch auf die in einigen Monaten stattfindende Tagsatzung aufmerksam, auf welcher alle Klagen gegen Vorort und Redaktion vorgebracht und geschlichtet werden könnten und gab ihm schließlich zu bedenken, daß er nur, wenn er dem Bunde ganz angehöre, das volle Gewicht seiner Delegation daselbst zur Geltung bringen könne.

Die versöhnliche Sprache des Vororts hätte vielleicht die gehoffte Wirkung gehabt und den New Yorker Verein veranlaßt, weitere Schritte in der Richtung, wenigstens vor der Hand, zu unterlassen, wenn nicht das Verhalten der Turnzeitung, welche gerade zu der Zeit einige ihrer gehässigsten Artikel gegen obigen Verein veröffentlichte, mit den Aeußerungen des Vororts in zu grellem Widerspruch gestanden hätten. Am 24. April schrieb dieser Verein an den Vorort durch N. Kluckhuhn, seinen derzeitigen Sekretär:

„Die Rücksichten, welche uns die Ehre „unseres Vereins auferlegen, hindern „uns, der Aufforderung des Vororts, „unsere Beschlüsse vom 27. v. M. zurück„zunehmen, Folge zu leisten, so gerne „wir dazu des Bundes wegen bereit wä„ren."

In Folge dieses Schreibens erließ der Vorort in der Turnzeitung vom 6. Mai und in der Juli-Beilage folgende Bekanntmachung:

„Der sociale Turnverein zu New York beharrt, ungeachtet wiederholter Aufforderung, dem Bunde treu zu bleiben, bei seinen Beschlüssen vom 27. März, welche Verweigerung von Bundespflichten enthalten, und ist also aus dem Bunde ausgetreten."

Die Handlungsweise des Vororts fand die verschiedenartigste Beurtheilung. Trotz aller Erbitterung erwartete man doch zuversichtlich eine Beilegung der Wirren und sah sich in dieser Erwartung getäuscht, da der Schritt des Vororts neue Schwierigkeiten zu den alten häufte. Der New Yorker Verein protestirte gegen die Auffassung des Vororts, nach welcher seine Beschlüsse zu einer „Austrittserklärung gestempelt wurden; zumal seine Bundesbeiträge bezahlt waren, und der Vorort stellte sich auf den Standpunkt des formellen Rechtes, nach welchem natürlich kein Verein im Bunde sein konnte, der seine Bundespflichten zu erfüllen verweigerte. Formell war der Vorort in seinem Rechte, und die erste „Rechtsverletzung" wurde durch den New Yorker Turnverein, durch seine Beschlüsse vom 27. März, welche er in späteren Erklärungen selbst eine Art „Selbsthülfe" nannte, gethan; ob es jedoch nicht heilsamer gewesen wäre, wenn das formelle Recht nicht bis in seine äußerste Consequenz ausgeführt worden wäre, wenn der Vorort das endgültige Urtheil der Tagsatzung überlassen hätte? Dies ist eine Frage, deren Beantwortung jetzt wohl eben so wie damals eine getheilte sein dürfte. Was jedoch mit Recht entschiedene Mißbilligung in der Handlungsweise des Vororts verdiente, war, daß er zugleich mit dem „Austritts"-Beschluß des New Yorker Vereins, die Aufnahme eines andern New Yorker Turnvereins in den Bund beschloß, des New Yorker „Männerturnvereins" gegen welchen früher mehrfach protestirt worden war; da, abgesehen davon, daß laut den Bundesstatuten die Aufnahme eines zweiten Vereins in einer Stadt von der Genehmigung des ersten abhängig gemacht war, und der New Yorker Bloomingdale Turnverein weder vom Vorort gefragt noch seine Zustimmung gegeben haben würde, auch zu erwarten stand, daß der socialistische Turnverein sich nicht mit dem Entscheid des Vororts zufrieden

geben, sondern gegen seinen ihm von dieser Behörde diktirten „Austritt" Verwahrung einlegen würde, und dann erst recht ein Ausgleich schwer zu erzielen war, da die Aufnahme des neuen Vereins hätte rückgängig gemacht werden müssen.

Wenn der Vorort glaubte, durch sein entschiedenes Urtheil den gordischen Knoten durchhauen und durch Entfernung des einen streitenden Theiles, die Einigkeit im Bunde wieder hergestellt zu haben, so sah er sich in seiner Voraussetzung bitter getäuscht, er hatte, anstatt das Werk der Einigkeit zu fördern, neue Hindernisse geschaffen, und sogar unter einen Theil der übrigen Bundesvereine, die, hauptsächlich im Westen, größtentheils auf Seiten des Vororts und der Redaktion standen, Unzufriedenheit erregt, da die Nothwendigkeit zu dem äußersten Schritt nicht eingesehen werden konnte.

Zu den schon vorhandenen „Beschlüssen", „Rundschreiben" und „Bekanntmachungen" veröffentlichte der social. Turnverein, N. Y., ein weiteres Rundschreiben („Erklärungen des N. Y. soc. Turnvereins") in welchen er nochmals eine Darlegung der ganzen Angelegenheit den Bundesvereinen zur Kenntniß brachte und seine Schritte zu rechtfertigen suchte. In diesen „Erklärungen" forderte er:

1. „Die Neuwahl eines Vorortes und eine strenge Rüge für den zeitherigen: Da er nicht nur taktlos handelte, sondern die Bundesstatuten auf's Gröbste verletzte.

2. Die Absetzung der Redaction der Turnzeitung.

3. Die Rücknahme der Aufnahmeerklärung des sogenannten Männerturnvereins von New York."

Zugleich versprach er, wenn diesen

Forderungen durch die Tagſatzung ge=
nügt würde, ſich allen übrigen Beſchlüſ=
ſen und Entſcheidungen derſelben zu fü=
gen und die nicht genommenen Num=
mern der Turnzeitung dem Bunde nach=
träglich zu bezahlen ; ſchließlich erklärte
er, die Tagſatzung jedoch nur dann be=
ſchicken zu wollen, wenn zwei Drittel der
Bundesvereine ihn dazu auffordern wür=
den mit der Garantie dieſer Vereine, daß
er ſeine Stimme von Beginn bis Schluß
der Verhandlungen zur Geltung bringen
dürfe.

Obgleich, wie ſchon bemerkt, die mei=
ſten der weſtlichen Vereine in der Streit=
frage auf Seiten des Vororts ſtanden
und in Folge der Agitation der Turnzei=
tung in den Beſchlüſſen der Vereine von
New York und Umgegend nur das Be=
ſtreben ſahen, den Bund und ſeine rabi=
kale Tendenz zu untergraben, ſo machten
die „Erklärungen“ des New Yorker Ver=
eins doch inſofern einen günſtigen Ein=
druck auf die Bundesvereine, daß eine
bedeutende Anzahl derſelben obigen Ver=
ein aufforderte, die Tagſatzung zu beſu=
chen, um die ſtreitigen Punkte zu erledi=
gen, ohne gerade ein Verſprechen, betreffs
Ausübung des vollen Stimmrechtes, zu
geben oder irgendwie die Berechtigung
der Forderungen anzuerkennen, nur die
Vereine der Umgegend New Yorks waren
ſelbſtverſtändlich auf Seite des Letzteren
in allen Punkten, von den weſtlichen,
wie geſagt, nur ſehr wenige.

Die Garantieforderung New Yorks
war übrigens ein Verlangen, daß erſtens
durchaus keinen praktiſchen Werth hatte,
da ja doch anzunehmen war, daß die
Streitfrage zuerſt von der Tagſatzung
erledigt werden würde und dabei ſowohl
Kläger als Verklagte kein Stimmrecht
ausüben konnten, und nach dem Entſcheid

die Ausübung deſſelben vom Verbleibe
im Bunde abhängig war, zweitens auch
ein unbilliges Verlangen, da es gewiſſer=
maßen das Urtheil der Vereine heraus=
forderte und das zu einer nichts weniger
als paſſenden Zeit.

Dieſes wohl ſpäter ſelbſt fühlend, be=
ſchloß der Verein die Beſchickung der
Tagſatzung, welche vom Vorort auf den
1. September nach Waſhington ausge=
ſchrieben war, ohne die Garantieforde=
rung weiter zu berückſichtigen.

Mit wachſendem Intereſſe ſah man den
Verhandlungen der Tagſatzung entgegen
und hoffte immer noch das Beſte für die
Wiederherſtellung freundſchaftlicher Be=
ziehungen zwiſchen den ſtreitenden Thei=
len, was bei nur einigermaßen gemäßig=
ten Auftreten beiderſeitig ſehr wahr=
ſcheinlich war ; da vernichtete ein weite=
rer Beſchluß des Vororts alle dieſe Hoff=
nungen indem er eigenmächtig die Tag=
ſatzung von Waſhington nach Pittsburg
verlegte, ohne irgend welche Gründe für
dieſes Verfahren anzugeben, ſich einfach
auf ſeine Verantwortlichkeit und das Ur=
theil der Tagſatzung, welcher er die
Gründe für dieſen Entſchluß vorzulegen
verſprach, ſtützend.

Wie ein Donnerſchag aus heiterem
Himmel wirkte die Bekanntmachung die=
ſes Beſchluſſes auf die Vereine des
Oſtens, welche, an und für ſich mißtrau=
iſch gegen den guten Willen des Vororts,
darin nur den Verſuch ſahen, durch Ver=
legung der Tagſatzung, mehr nach den
Weſten, ihnen die Vertretung zu er=
ſchweren.

Bei aller Achtnng, welche man dem
Wirken der damaligen Vorortsmitglie=
der als Turner zu zollen geneigt iſt, und
ſo weit ſie noch im Bunde ſind, auch jetzt
noch zollt, ſo kann man doch nicht umhin,

obigen Beschluß als einen unheilvollen und verderblichen, durch nichts zu rechtfertigenden zu bezeichnen, trotzdem sogar die Tagsatzung in Pittsburg die Gründe der Verlegung guthieß, weil sie in ihrem Urtheile eben so befangen war, als der Vorort. Dieser Beschluß war das Grabgeläute des Turnerbundes, denn jetzt war für eine Verständigung und Ausgleichung der Wirren die Brücke abgebrochen.

Als Gründe der Verlegung gab der Vorort in Pittsburg an, daß die Stimmung der Bürger Washingtons eine feindliche gegen die Turner sei, daß Scenen wie in Columbus, Covington und anderen Orten zu gewärtigen wären und die persönliche Sicherheit der Delegaten demnach sehr in Frage stehe. Der Vorort stützte sich in seiner Angabe auf Aussagen verschiedener vom Washingtoner Verein ausgeschlossener Mitglieder, welche einen neuen Verein gegründet hatten. Die totale Grundlosigkeit dieser Angaben konnte schon damals von Niemanden, der mit den Verhältnissen in Washington vertraut war, und sich ein vorurtheilfreies Urtheil bewahrt hatte, bezweifelt werden und wurde auch auf das Schlagendste bewiesen dadurch, daß die östlichen Vereine die in Washington tagten, mit derselben Sicherheit und demselben freundlichen Entgegenkommen der Bürger, ebenso radikale Beschlüsse fassen konnten, wie die westlichen in Pittsburg.

Der Verein in Washington, der seiner Angabe nach in dieser Angelegenheit nicht zu Rathe gezogen worden war, protestirte gegen die willkürliche Verlegung der Tagsatzung und erklärte sich unter allen Umständen bereit, die Delegaten zu empfangen. Die östlichen Vereine, sowie einige westliche, die die Verlegung als

nicht rechtskräftig anerkannten, weil gegen die Statuten des Bundes lautend, sandten ihre Vertreter nach Washington, während die Uebrigen. und zwar die Majorität, dem Beschlusse des Vororts Folge leisteten und in Pittsburg tagten. Jede dieser Tagsatzungen betrachtete sich als die rechtmäßige und erließ einen Protest gegen die andere.

Obwohl in diesem und den nächsten Jahren die Trennungs- und Wiedervereinigungsfrage beinahe ausschließlich die Aufmerksamkeit in Anspruch nimmt, ist es doch nothwendig das eigentliche Vereinsleben sowie 'estrebungen und Ereignisse nicht aus dem Auge zu verlieren, die in Beziehung zur Entwickelung und Gestaltung des Bundes standen.

Die in der monatlichen Beilage zur Turnzeitung im Jahre 1856 veröffentlichten Vereinsberichte lauten größtentheils günstiger als die vom vorhergehenden Jahre. Nicht nur eine Vermehrung der Mitgliederzahl ist ersichtlich, auch die Thätigkeit der Vereine wurde eine regere. Zöglingsschulen bestanden schon in den meisten der Vereine, wenn auch nur mit einer geringen Betheiligung seitens der Jugend. In Milwaukee und Cincinnati wurden sogar Turnschulen für Mädchen eröffnet. Auch in geistiger Beziehung war ein Fortschritt bemerkbar, indem eine namhafte Anzahl Vereine über die Abhaltung von Vorträgen berichten. Der Präsidentenwahlkampf und die damit verbundene Agitation machte das Vereinsleben überhaupt bewegter, indem die Turnvereine sich meist lebhaft daran betheiligten und zwar selbstverständlich auf Seite der republikanischen Parthei, für Fremont und Dayton.

Das Bundesturnfest, welches vom 26. bis 29. August in Pittsburg abgehalten wurde, reihte sich seinen Vorgängern in würdiger Weise an. Die Festrede hielt Wm. Rothacker. Preise erhielten: Friedrich Münch, für die beste literarische Arbeit über das vom Vororte aufgestellte Thema: „In welchem Verhältniß stehen die politischen und sittlichen Zustände unserer Republik zu einander?"

Deklamiren: Ad. Seiter, Cincinnati; Turner: Schell, Detroit, Conrad Fröhlig, Cincinnati, und Andere; Ringen: Begemann und Wiesing von Cincinnati; Fechten: Schreiber und Fröhlig, Cincinnati; Schießen: Hardtmann, Pittsburg, und Bogwood, Cincinnati; Chorgesang: Die Turnersänger von Cincinnati.

Das Jahr 1856 konnte ebenfalls nicht vorübergehen ohne die üblichen Gewaltthätigkeiten und Angriffe auf die Turner zu bringen. Ganz besonders ist ein Vorgang erwähnungswerth, von so roher und brutaler Art, der den Haß und das tief eingewurzelte Vorurtheil eines großen Theils der amerikanischen Bevölkerung, nicht allein der untersten Klassen auf das Schlagenste bewies, daß er in den weitesten Kreisen Aufsehen erregte und in den daraus erfolgten Gerichtsverhandlungen unwiederleglich darthat, daß Fremdenhaß und Muckerthum vereint, diese Angriffe gegen die Turner plante und unterstützte und schließlich noch die unschuldigen Opfer dieser Schandthaten zu Verbrechern machen wollte.

Am Pfingstmontage, 12. Mai genannten Jahres, feierte die Cincinnati Turngemeinde, ohngefähr 160 Mann stark, worunter 30 Schützen und 20 Musiker, nebst 40 bis 50 Turnschülern, mit den Turnvereinen von Newport und Covington ein Turnfest auf der Kentuckyseite des Ohioflusses in der Nähe von Covington. Wie üblich bei derartigen Gelegenheiten wurden die Theilnehmer des Festes, während des Verlaufs desselben, durch jugendliche Loaferbanden gestört und insultirt, so daß es zu Ruhestörungen, wenn auch nicht ernstlicher Art, kam. Anders kam es auf dem Heimmarsche. Banden von Männern und Buben mit Knüppeln und Todschlägern (slungshots) bewaffnet, erwarteten die Turner; nachdem der Zug anfänglich nur mit Steinwürfen belästigt worden war, erfolgte ein ernstlicher Zusammenstoß am Washington Hotel in Covington wo der Pöbelhaufen, der inzwischen auf beiden Seiten des Zuges zu einem Strome angeschwollen war, zunächst die Turnzöglinge mit Backsteinen und Prügeln attakirte. Die älteren Turner jagten natürlich die Angreifer in die Flucht und ohne großen Aufenthalt wurde die Ordnung des Zuges wieder hergestellt und der Marsch fortgesetzt, unter fortwährenden Drohungen der Pöbelmassen, die Messer und Knüppel schwingend, die Turner mit Steinen und Erdschollen bombardirten.

An der Ecke der vierten und Scottstraße angelangt, stürzten mehrere Amerikaner, mit Pistolen bewaffnet, auf den Zug los. Einer von ihnen war der Polizei-Marschall Butts, wie sich später herausstellte, der einen Turner inmitten seiner Riege packte und aus dem Zuge zu ziehen versuchte. Da seine amtliche Stellung den Turnern nicht bekannt, sein Verfahren überdies ebenso ungesetzlich als brutal war, setzten sich die Turner zur Wehre, und nachdem Butts mit einem gemeinen Schimpfworte sein Pistol auf einen Turner abgefeuert hatte, glücklicher Weise jedoch nicht traf, wurde er, in dem darauf folgenden Handgemenge durch den Arm geschossen. Ein anderer der „Amerikaner", der Deputy=Marschall Harvey, der ebenfalls ohne amtliches Abzeichen war, und durch sein rohes Verfahren den Kampf mit provozirt hatte, erhielt, angeblich mittelst eines Hornes, eine furchtbare Kopfwunde, in Folge deren er bewußtlos nach einem benachbarten Hause gebracht werden mußte.

Kaum zwei Minuten währte der Kampf und trotz der immer drohender werdenden Haltung der Menge, die jetzt laut den Tod aller Turner forderte, ord= nete sich der Zug wieder und setzte sich in größter Präcision in Bewegung. Da gaben die Feuerglocken Covington's plötz= lich das Alarmzeichen und brachten noch den Rest des dortigen Rowdy=Elementes gegen die Turner auf die Beine, deren persönliche Sicherheit jetzt wirklich in der höchsten Gefahr stand. Ohne weitere bedeutende Zwischenfälle jedoch passirte der Zug Covington und das nahe gele= gene Newport und gelangte endlich nach der Ferry=Landung. Die Turner der obigen zwei Städte waren in ihren be= treffenden Heimathsorten ausgetreten und hatten sich, so gut es eben ging, nach ih= ren Hallen verfügt.

Da der Mayor von Newport die Lan= dung des von Cincinnati kommenden Ferrybootes verhinderte, so sahen sich die Turner von ihrer Heimath abgeschnit= ten, inmitten eines rasenden Pöbelhau= fens, der sogar nach der dort stationirten Garnison gesandt und die Hilfe der Ver. Staaten Truppen gegen die Turner ge= fordert hatte, aber, obgleich der Mayor der Stadt diese Aufforderung wieder= holte, von den Offizieren abschläglich be= schieden wurde. Jetzt ging es an's Un= terhandeln. Die Mayors der beiden

Städte verlangten die Auslieferung aller Waffen, was von den Turnern entschie= den verweigert wurde, da sie es nicht mit Sicherheit für ihre Person thun konnten. Den Beamten wurde indessen kein Wi= derstand entgegengesetzt bei der Verhaf= tung der Turner, welche sich angeblich eines „Verstoßes gegen das Gesetz" hat= ten zu Schulden kommen lassen. Die heilige Hermandab begnügte sich einst= weilen mit 4 „Uebelthätern", die unter starker Polizeibedeckung in das Gefäng= niß nach Covington abgeführt wurden; unter ihnen unser alter Freund, damals noch jugendlicher Recke und Vorortsmit= glied, Friedr. Bertsch.

Von Cincinnati abgeschnitten, beschlos= sen die Turner endlich, nach der Turn= halle in Newport zu marschiren und ka= men auch glücklich, bis auf den letzten Mann, natürlich fortwährend vom Pö= bel belästigt, dort an. Hier waren sie, wenn auch vorderhand sicher, doch einer regelrechten Belagerung ausgesetzt, welche sich beinahe bis zu dem nächsten Morgen hinzog.

Durch die Vermittelung des Richters Stallo, welcher bei der ersten Nachricht zum Beistande der Turner von Cincin= nati herbeigeeilt war, wurde das Ueber= einkommen mit dem Mayor von Newport getroffen, daß die Turner während der Nacht ihre Waffen behielten, um sich gegen die Wuth des Pöbels vertheidigen zu können, sich jedoch am anderen Mor= gen den Behörden zur Verfügung zu stel= len hätten.

Am Dienstag Morgen setzte sich der Zug der Turner wieder in Bewegung, um in polizeilicher Begleitung Quartiere im Newporter Courthause zu beziehen. Nachmittags begann die Untersuchung vor zwei Friedensrichtern. Die Anklage führte der Stadtanwalt Fist, unterstützt von zwei weiteren Juristen, die im Laufe der ganzen Gerichtsverhandlungen Alles aufboten, um den Ausgang zu einem für die Turner möglichst ungünstigen zu machen. *) Die Vertheidigung übernahm Richter Stallo, der, wie die Turnerzeitung, deren Bericht diese Beschreibung entnommen ist, besonders hervorhebt, in diesen Tagen eine Aufopferung bewies und eine Fülle von Beredtsamkeit und Gelehrsamkeit entfaltete, die ihm nicht nur den innigsten Dank seiner Klienten, sondern auch die Bewunderung von Freund und Feind für immer sichern.

107 Gefangene wurden des Nachmittags gegen eine Bürgschaft von je $1000 ihrer Haft entlassen. Mit edler Bereitwilligkeit hatten die deutschen Ehrenmänner Daniel Wolf und Peter Constanz von Newport diese Bürgschaft geleistet, die also die enorme Summe von $107,000 betrug. Der „Cincinnati Republikaner" bemerkte darüber: „So lange ein deutsches Herz in Cincinnati schlägt, werden die Namen Daniel Wolf und Peter Constanz als wahre Freunde ihrer Landsleute in der Noth verehrt und gepriesen werden."

Alle Angeklagten, mit Ausnahme derer, die Waffen getragen hatten, wurden am anderen Tage freigesprochen, 27 unter eine Bürgschaft von je $2000 gestellt und 9 als „Haupt=Uebel= und Missethäter" in das Gefängniß zurückgeschickt und erst nachdem sie noch weitere 5 Tage die „Gastfreundschaft" Kentucky's genossen hatten, wurden sie ebenfalls zur Bürgschaft zugelassen. Die vorläufigen Verhandlungen schlossen mit der Ueber-weisung von 35 Angeklagten an die Circuit Court.

Am 9. Juli wurden sämmtliche Angeklagte von der Grand Jury in Anklagestand versetzt und zwar wegen:

Schießen mit der Absicht zu tödten, Verwunden mit der Absicht zu tödten, und Widerstand gegen die Beamten. Die Herren Wolf und Constanz leisteten wieder Bürgschaft, und zwar bis zum Betrage von $42,000. Bis zum 11. August 1857 zogen sich die Verhandlungen hin und endeten in Newport, wohin der Prozeß verlegt worden war, mit der gänzlichen Freisprechung der Angeklagten. Recht und Gerechtigkeit hatten gesiegt, Dank der riesigen Anstrengungen der Vertheidiger der Angeklagten, Richter Stallo und Hrn. Stevenson, denen der Turnerbund die höchste Anerkennung und größten Dank schuldet für ihre bewiesene Aufopferung und meisterhafte Vertheidigung, denn Thatsache ist es: das Schicksal der Angeklagten hing bei den corrupten und partheiischen Gerichtswesen in Covington an einem Haar.

Wer jene Zeiten nicht selbst mit durchgemacht, jene Zustände also nicht aus persönlicher Erfahrung kennt, liest jetzt wohl kopfschüttelnd diese Berichte, wer sie aber mit durchgelebt hat, jene Jahre der Verfolgung, der athmet erleichtert auf; es ist eben doch anders geworden und besser, doch daß es so geworden ist, das ist ein bleibendes Verdienst der Turner, die, wenn auch nothgedrungen den Kampf mit dem amerikanischen Loaferthum, jenen Pestbeulen des hiesigen Volkslebens, aufnahmen und dem Gesindel Achtung vor dem deutschen Namen, Respekt vor deutschen Hieben beibrachten und schließlich deutschen Sitten

---

*) Fremdenhaß, religiöser Fanatismus, ja selbst die politischen Ansichten der Turner (Kentucky war ein Sklavenstaat) mußten als Mittel dazu dienen.

und Gebräuchen Anerkennung und Dul=
dung verschafften und hätten die Turner
keine andere Mission erfüllt, als diese,
so wäre ihr Bestehen in diesem Lande
schon ein vollkommen berechtigtes gewesen,
denn nicht gering ist ihr Verdienst in die=
ser Richtung.

VII.

Die Delegaten der östlichen Vereine
trafen am 31. August 1856 in Wash=
ington zusammen und beschlossen, um
eine Vereinigung mit der am 1. Sep=
tember in Pittsburgh zusammentretenden
Tagsatzung der westlichen Vereine (und
solcher des Ostens, die auf Seiten des
Vororts standen) anzubahnen, einen Dele=
gaten nach Pittsburgh zu senden. F. Hüne
von Williamsburg wurde als solcher er=
wählt und reiste unverzüglich ab.

In Washington waren 26 Vereine mit
40 Bundesstimmen vertreten, unter ihnen
außer New York und Umgegend, St.
Louis und einige andere Städte des
Westens, Philadelphia und sonst noch
einige Vereine, welche in dem Conflikt
zwischen New York und dem Vorort nicht
betheiligt waren. In Pittsburgh tagten
45 Vereine mit 62 Bundesstimmen, un=
ter ihnen, außer einigen kleinen östlichen
Vereinen, Boston und Baltimore. C. F.
Bauer war Vorsitzer der Tagsatzung in
Pittsburgh und B. F. Seifert fungirte
als solcher in Washington.

Die Mission Hüne's blieb, wie voraus=
zusehen war, erfolglos, die Tagsatzung
in Washington wurde nicht als recht=
kräftig von der in Pittsburgh anerkannt
und Hüne nicht als Delegat derselben
zugelassen, ebensowenig wurden andere
Schritte gethan, welche eine Annäherung

bezwecken konnten, da man der Ehre des
Bundes etwas zu vergeben glaubte,
wenn man sich auf Unterhandlungen mit
Washington einließe. Delegat Hüne er=
hielt nur als Turner von Williamsburg
das Wort und gab als solcher die Er=
klärung ab, daß die östlichen Vereine kei=
nen Sonderbund wollten und mit den
Prinzipien des Turnerbundes einver=
standen seien, daß sie die Tagsatzung in
Washington für die rechtmäßige halten
und daß sie deshalb den Vorort und die
Delegaten auffordern, nach jener Stadt
zu kommen, oder die Bundesbücher dort=
hin zu senden, damit die dort vertretenen
Vereine Einsicht in dieselben nehmen
können, widrigenfalls neue Bücher ange=
legt und die Rückstände an den von der
Washingtoner Tagsatzung zu ernennenden
Bundesschatzmeister bezahlt werden wür=
den. Die Tagsatzung in Pittsburgh ant=
wortete mit einem Beschluß, nach welchem
die Delegaten in Washington aufgefor=
dert wurden, nach Pittsburgh zu kommen.
Weitere Vermittelungsvorschläge, eine
gemeinschaftliche Tagsatzung an einem
dritten, zwischen Washington und Pitts=
burgh gelegenen Orte abzuhalten, fanden
weder bei der einen noch bei der anderen
Seite Unterstützung und nachdem Hüne
unverrichteter Sache von Pittsburgh wie=
der abgereist war und beide Tagsatzungen
Proteste erlassen hatten gegen die Recht=
mäßigkeit der anderen, war der Bruch
ein vollständiger und vor der Hand un=
heilbarer.

Die Verhandlungen in Pittsburgh be=
wiesen, daß, wenn die östlichen Vereine
in Pittsburgh vertreten gewesen wären,
eine Verständigung erzielt worden wäre,
da eine nicht unbedeutende Anzahl Dele=
gaten, selbst Mitglieder des Vorortes,
weder die Gründe der Verlegung der

Tagsatzung anerkannte, noch mit dem Verhalten der Redaktion in der Angelegenheit mit dem N. Y. Verein einverstanden war, abgesehen von dem „Rechtsstandpunkt", der in dieser Streitfrage eine größere Rolle spielt, als die Billigkeit, wäre es entschieden von größerem Vortheile für die Turnerei gewesen, wenn man der Majorität einige Concessionen gemacht und ein Titelchen des absoluten Rechtes geopfert hätte, durch die nachträgliche Uebersiedlung nach Pittsburgh. Doch die Hartnäckigkeit, mit der man auf beiden Seiten selbst an Kleinlichkeiten und Formen festhielt und es für unehrenhaft hielt, dem Gegner auch nur in Etwas entgegen zu kommen, das Prinzip vorschützend, wo man doch gerade im Prinzip so einig als möglich war, alles dieses verhinderte eine Vereinigung und zugleich für längere Zeit alle Aussicht auf ein gedeihliches Wirken des Turnerbundes und zerstörte das Vertrauen des Publikums in denselben, es mußte deshalb auch sein Einfluß schwinden, den er sich so mühsam in der Zeit seines 6jährigen Bestehens errungen hatte. Die Organisation, auf die man so stolz gewesen, die bis dahin als einzig dastand im deutschen Volksleben auf amerikanischem Boden, auf die man so große Hoffnungen gesetzt hatte, an deren Stützen vergeblich Nativismus und religiöser Fanatismus gerüttelt hatten, diese Verbindung hatte durch ihre eigenen Freunde und Anhänger den Todesstoß erhalten.

Anstatt vereint ihren Prinzipien Geltung zu verschaffen und in ihrem einheitlichen Streben sich gegenseitig stützend, sehen wir das bedauerliche Bild, daß sich Männer, gleichen Grundsätzen huldigend, von gleichem Streben beseelt, die sich vor Kurzem noch als Brüder die Hand ge-

reicht, jetzt feindlich gegenüber stehen, an sich sogar auf dem Wege nach denselben Zielen, einander bekämpfen. Die zur Thatsache gewordene Trennung beruhigte nicht im Geringsten die Gemüther; das Gefühl der Zusammengehörigkeit trat immer wieder hervor und so sehr auch Groll und Mißmuth anfänglich das Gefühl der Trauer über den Bruch niederhielten, unterdrückt konnte es nicht werden, und wie ein rother Faden läuft es durch die Geschichte der nächsten Jahre und man liest es selbst zwischen den Zeilen der Dokumente und Aktenstücke, die von beiden Seiten gegen einander erlassen wurden.

Die Platform vom vorigen Jahre wurde ohne wesentliche Abänderungen auf's Neue von beiden Theilen bestätigt. In Pittsburgh wurde in dem Passus gegen die Sclaverei die Stelle gestrichen, nach welcher die Tu ner hauptsächlich gegen die Ausbreitung derselben in den freien Territorien sind, da nach der entschiedenen Verdammung der Sclaverei, die in dem Passus liegt, obige Erklärung als selbstverständlich betrachtet wurde. Einen Zusatz erhielt die Platform noch durch folgenden Satz: „Ueberhaupt soll der Turnerbund eine Pflanzschule der allgemein giltigen Ideen des entschiedenen Fortschritts sein, welche aus einer naturgemäßen und deshalb vernünftigen Weltanschauung hervorgehen. In Washington wurden nur die unwesentlichen Worte aus der Einleitung: „bei der jetzigen Parteistellung" gestrichen.

Der Bericht des Vorortes verbreitet sich zum ersten Male etwas ausführlicher über die Bundesverhältnisse, die in statistischer Beziehung in den Jahren vorher sehr stiefmütterlich behandelt worden waren. Der Bund hatte sich bis auf

96 Vereine vermehrt mit einer Mit=
gliederzahl von ungefähr 5000. Aus
dem Finanzbericht geht hervor, daß die=
ser Zweig der Bundesverwaltung sich in
guten Händen befand und daß die finan=
zielle Mißverwaltung der vorhergehenden
zwei Jahre, die dem Bund, wie sich nach=
träglich herausgestellt, erhebliche Verluste
gebracht hatte, in Cincinnati ihr Ende
erreicht hatte. Die Einnahmen in die=
sem Jahre hatten $6484.42 betragen, die
Ausgaben $5970.17. Die Bundesschuld
war auf $1487.65 reduzirt worden und
in der Kasse befanden sich wirkliche
$514.25.

Bezüglich des Bundesorgans blieben
im Wesentlichen die früheren Bestim=
mungen in Kraft. Zu Redakteuren wur=
den ernannt: Godfr. Becker und Otto
Reventlow. In Bezug auf Letzteren
jedenfalls eine ungeeignete Wahl, da der=
selbe als Redakteur der „Freien Blätter"
in Albany wesentlich zum Entstehen der
Wirren im Turnerbunde beigetragen und
sich ganz besonders leidenschaftlich in
dieser Hinsicht gezeigt hatte. Die Tag=
satzung in Washington beschloß, anstatt
einer Turnzeitung die Herausgabe eines
Monatsblattes, in welchem hauptsächlich
Bundes= und Vereinsangelegenheiten
und Bekanntmachungen, sowie turneri=
sche Artikel im engeren Sinne veröffent=
licht werden sollten. Der Vorort war
gehalten, dieses Monatsblatt gegen Ver=
gütung der Correctur, Druck und Papier=
kosten herauszugeben und jedem Bundes=
vereine für jede Bundesstimme 3 Exem=
plare zuzusenden; den Turnern blieb es
freigestellt, darauf zu abonniren oder
nicht. Vorort für den Westen blieb
Cincinnati, für den Osten wurde erst
St. Louis, doch da dieser Verein ab=
lehnte, Williamsburg erwählt. Für die

Tagsatzung des Westens wurde Detroit
bestimmt, für den Osten wurde die Wahl
des Ortes dem Vorort überlassen. Mil=
waukee erhielt das Bundesfest von beiden
Theilen, doch da im nächsten Jahre die
getrennten Theile einander um nichts
näher standen und der östliche Flügel mit
wenig Ausnahmen nur auf Vereine
des Ostens beschränkt war, so wurde
New York an Stelle Milwaukee's ge=
nommen.

Eine etwas größere Aufmerksamkeit
als bei früheren Gelegenheiten erhielt
das Turnen bei der Tagsatzung in Pitts=
burgh, indem zur Hebung des Turn=
betriebes mehrere Paragraphen den
Bundesstatuten beigefügt wurden, die es
den Bundesvereinen zur Pflicht machten,
die Körperübungen systematisch zu be=
treiben und Vorturner, Fecht= und
Exerzirschulen einzurichten. Am Sitze
des Vorortes sollte eine Schule für voll=
ständige wissenschaftliche und körperliche
Ausbildung von Turnlehrern errichtet
werden. Zugleich wurde die Einführung
des Turnunterrichts für Knaben und
Mädchen allen Turnvereinen an's Herz
gelegt. Ebenfalls wurde ein vollständi=
ger Schulplan für deutsch=amerikanische
Tagesschulen entworfen und veröffent=
licht.

So schön die Paragraphen waren und
so nothwendig ihre Durchführung gewesen
wäre, so wenig geschah wirklich zu ihrer
allgemeinen Ausführung. Da und dort
regte sich zwar wieder der alte Geist für
einige Zeit, doch nicht durchgreifend ge=
nug, um besonderen Einfluß zu erreichen.
Viele Vereine hatten sich schon so daran
gewöhnt, in den Betrieb ihrer Wirth=
schaft oder in mehr oder minder guten
theatralischen Vorstellungen das Heil der

Turnerei und ihres Vereins zu sehen, daß selbst die besten Bestimmungen erfolglos bleiben mußten, wenn man nicht zugleich Vorkehrungen treffen wollte, ihre energische Durchführung zu erzwingen.

In Bezug auf die politische Stellung des Bundes, dem Präsidenten-Wahlkampfe gegenüber, beschloß die Tagsatzung in Pittsburgh, die Platform und die Kandidaten der republikanischen Partei zu unterstützen.

Der Vorort des östlichen Flügels bestand aus folgenden Mitgliedern des Williamsburger Turnvereins:

A. Irmscher, erster Vorsitzer;
Ph. Engelhardt, zweiter Vorsitzer;
Heinr. Stumpf, prot. Schriftwart;
F. Hüne, corresp. Schriftwart;
W. Rose, stellvertr. Schriftwart;
Jos. Walter, Schatzmeister;
Carl Näher, Buchhalter;
Franz Heller, erster Turnrath;
J. Verdeckberg, zweiter Turnrath.

Das offizielle Organ erschien unter dem Namen „Turnblatt" jeden ersten Mittwoch des Monats und enthielt neben einem größeren wissenschaftlichen, geschichtlichen oder rein turnerischen Artikel, die Halbjahrsberichte der Vereine, Festberichte und die offiziellen Bekanntmachungen des Vororts. In der ersten, der October-Nummer des Blattes, erschien ein Artikel, welcher eine gedrängte Darlegung der Gründe der bedauerlichen Trennung enthielt. Dieser Artikel sticht hinsichtlich seiner würdevollen Sprache und maßvollen Behandlung der Sachlage sehr vortheilhaft ab gegen die in der „Turnzeitung" von Reventlow und Anderen veröffentlichten Artikel, welche in ihrer gereizten und geradezu beleidigenden Sprache gegen den östlichen Bund, dessen

Vorort und einzelne Mitglieder der östlichen Vereine alles, in dem früheren Jahrgange in dieser Hinsicht Geleistete in den Schatten stellten und schon nach kurzer Zeit den Unwillen und die Mißbilligung einzelner Vereine des westlichen Bundes auf's Neue erregten.

Der von der Cincinnati Turngemeinde für 1856—57 gewählte Vorort bestand aus den Turnern:

A. Tafel—erster Vorsitzer;
M. Jacobi—zweiter Vorsitzer;
A. Fischer—erster Schriftwart;
C. Hof—zweiter Schriftwart;
E. Beischlag—dritter Schriftwart;
L. Strobel—Buchhalter;
J. Böhm—Kassirer;
Wm. Rothacker ⎫
A. Wagner ⎭ Beisitzer.

An Stelle A. Fischer's trat jedoch schon im Dezember Fr. Bertsch wieder ein.

Das von diesem Vororte in der ersten Nummer der monatlichen Beilage des neuen Jahrganges der Turnzeitung veröffentlichte „Rundschreiben" enthält eine Rechtfertigung der Handlungsweise des alten Vorortes, obwohl darin doch auch zugestanden wird, daß einzelne Fehler begangen wurden. Als einziges Mittel der Versöhnung wurde die Bedingung aufgestellt, daß sich die Minorität der Majorität füge. Von einer Anerkennung des Vororts in Williamsburg oder der östlichen Vereine als einer zu Recht bestehenden Körperschaft war keine Rede. Es konnte deshalb auch, trotz aller Versicherungen der Freundschaft und der Bereitwilligkeit zur Versöhnung, unter solchen Umständen eine solche doch nicht bewerkstelligt werden, da sie bei der jetzt herrschenden Sachlage nur auf der Basis der Gleichberechtigung beider Theile stattfinden konnte.

Das Ansiedlungsprojekt hatte unterdessen im Laufe des verflossenen Jahres gute Fortschritte gemacht und war, Dank der ihm zu Theil gewordenen energischen Leitung, bald aus dem Bereiche des Projektes in das der Wirklichkeit getreten.

Der provisorische Verwaltungsrath, welcher nach der Tagsatzung in Buffalo von der Cincinnati Turngemeinde auf's Neue bestätigt worden war, ließ es an Anregungen und Aufmunterungen nicht fehlen. Ende November 1855 wurde eine gedruckte Vorlage an alle Bundes-Vereine versandt, in welcher der Organisationsplan sowie eine Einladung zur Betheiligung an dem Unternehmen enthalten war. Am 20. Januar 1856 fand eine Convention der Betheiligten und permanente Organisation statt, zugleich wurde ein Direktorium gewählt, welches aus folgenden Mitgliedern bestand:

John Sauerwein von New Britain, Conn.

Jacob Nix von Cleveland, O.
Richard Fischer von Wheeling, Va.
H. Barth von Newport, Ky.
W. Seeger „   „   „
Steffens von Louisville, Ky.
Carl Strobel von Cincinnati, O.
Max Wocher „   „   „

Es waren bis dahin bereits 215 Aktien fest genommen und eine nicht unbedeutende Anzahl gezeichnet. Außer dem Direktorium wurde ein engerer Verwaltungs-Ausschuß gewählt, bestehend aus folgenden Mitgliedern der Cincinnati Turngemeinde:

A. Fischer—Vorsitzer;
C. P. Beckmann—prot. Sekretär;
M. Jacobi—corresp. Sekretär;
C. Floto—Schatzmeister;
A. Tafel, L. Hofmann, L. Strobel—Vertrauensmänner.

Der Preis der Aktien, der bis 1. Mai 1856 noch $15 betrug, wurde von dieser Zeit an auf $20 und vom 1. Juli an auf $25 erhöht; ein Beweis, daß das Unternehmen bereits als gesichert betrachtet wurde. Am 2. März d. J. wurde eine zweite Convention abgehalten und eine Land-Commission ernannt, bestehend aus den Herren Pfänder, Preiser und Seeger, welche in Verbindung mit dem rühmlichst bekannten Geologen Herrn Leo Les Quereux den Auftrag erhielt, die nordwestlichen Staaten und Territorien bis zum 45. Grade nördl. Breite behufs Aufsuchung passender Ländereien zu bereisen. Die Zahl der Direktoren wurde auf 25 erhöht.

Da bis Mitte April die Zahl der gezeichneten Aktien bereits 850 betrug, somit zur praktischen Ausführung des Unternehmens geschritten werden konnte, so reiste Ende des Monats die Land-Commission ab und kehrte bereits am 3. Juli wieder nach Cincinnati zurück, nachdem sie die Staaten Kansas, Nebraska, Illinois, Wisconsin und Minnesota durchreist hatte. Sie hatte sich für eine Landstrecke oberhalb der Mündung des Big-Cottonwood-Flusses in den Minnesota-Fluß, bekannt unter dem Namen New Ulm Settlement, entschieden. Das Direktorium war mit den Ansichten der Landcommission einverstanden und that die zum sofortigen Ankauf nöthigen Schritte; zu diesem Zwecke reiste Herr W. Pfänder, mit Instruktionen und Vollmachten versehen, nach der Ansiedlung ab.

Das Land war Eigenthum des Minnesota Landvereins und umfaßte einen Flächenraum von 17 Viertelsektionen Land, zusammen ca. 2700 Acres. Durch neue Erwerbungen wurde die Ansiedlung noch bedeutend vergrößert. Der äußerst günstige Bericht, welchen die Landcommiſſion dem Direktorium vorlegte über Klima und Bodenbeſchaffenheit ſowie die günſtige Lage des erworbenen Landes, veranlaßten den Beitritt einer weiteren Anzahl deutſcher Bürger, ſo daß in Kurzem die Zahl der genommenen Aktien auf über 1400 ſtieg. Es war dies zugleich ein Beweis von dem Vertrauen, welches das Publikum im Allgemeinen, ſowie die deutſche Preſſe, welche das Unternehmen lebhaft unterſtützte, in den Turnerbund ſetzte, der doch immer noch, wenn auch nur indirekt die Verantwortlichkeit für die gewiſſenhafte Ausführung der Beſtimmungen der Verfaſſung des Anſiedlungs-Vereins hatte, oder als die Behörde angeſehen wurde, unter deren Schutze das ganze Unternehmen ſtand.

Am 28. September wurde bereits mit der Verloſung der Stadtbauplätze begonnen und Vorbereitungen für die Ueberſiedlung getroffen, da eine nicht unbedeutende Anzahl Aktionäre noch vor dem Eintritte des Winters ihren neuen Beſitz antreten wollten. Anfang December wurde bereits in „New Ulm", wie die „Hauptſtadt" der Turneranſiedlung jetzt hieß, ein Turnverein gegründet, 20 Mann zählend, der ſich bald darauf dem Turnerbunde anſchloß. Die Mitglieder des Vorſtandes waren alte bewährte Turner, die zum Theil jetzt noch eine ehrenvolle Stellung unter der deutſch-amerikaniſchen Turnerſchaft einnehmen. Es waren:

C. Koehne—erſter Vorſitzer;
Schell—zweiter Vorſitzer;
Gerſtenhauer—prot. Sekretär;
Pfänder—correſp. Sekretär;
Hummel—Turnwart;
Haub—Kaſſirer;
A. Seiter—Bibliothekar.

Die Beſiedlung nahm Anfang des Jahres 1857 raſch zu und der Werth des Landes ſtieg fortwährend und in kurzer Zeit galt New Ulm als eine der blühendſten Anſiedlungen im Weſten. Die weitere Geſchichte dieſes Unternehmens gehört von jetzt an nicht mehr in die Geſchichte des Turnerbundes, da derſelbe mit der fortſchreitenden Entwicklung der Anſiedlung nicht mehr berufen war, irgend welchen Einfluß auf daſſelbe auszuüben. Durch den Beſchluß der Buffalo-Tagſatzung, wodurch das Projekt gewiſſermaßen unter den Schutz des Bundes geſtellt wurde, gab er ihm einen moraliſchen Halt und verſchaffte ihm das Vertrauen und die Unterſtützung des Publikums. Beides wurde durch die von der Cincinnati Turngemeinde getroffenen Maßregeln und durch die praktiſche Leitung des Direktoriums gerechtfertigt, ſo daß das Unternehmen frei blieb von allen jenen corrupten Einflüſſen, denen andere Unternehmungen ähnlicher Art mehr oder minder unterworfen waren.

Vielleicht findet ſich Turner Pfänder veranlaßt, angeregt durch dieſe Skizze, die weitere Entwicklung des Unternehmens, die gewiß der intereſſanten Punkte viele enthält, zu ſchildern, was gewiß einen ſchätzenswerthen Beitrag zur Geſchichte des deutſchen Volkslebens in den Vereinigten Staaten bilden würde.

VIII.

Die Delegaten der beiden Tagſatzungen in Pittsburg und Waſhington waren kaum in ihrer reſpectiven Heimath angelangt, als auch ſchon Wiedervereinigungsverſuche gemacht wurden, deren Zweckloſigkeit freilich auch ſofort zu Tage trat. Der Sociale Turnverein in Rahway,

N. J. rief den ersten Versuch dieser Art in's Leben, indem er den Turnvereinen durch ein Circular einen Plan unterbrei= tete, nach welchem ein zu erwählendes Schiedsgericht die Differenzen und Ur= sachen des Bruches zwischen dem östlichen und westlichen Bunde untersuchen und ein endgiltiges Urtheil nach bestem Ge= wissen darüber abgeben soll. Dieses Schiedsgericht sollte gewählt werden: ein Theil aus den in Pittsburg und ein Theil aus den in Washington vertretenen Vereinen, sowie ein Theil aus solchen Vereinen, die auf keiner der beiden Tag= satzungen vertreten waren.

Der Vorort in Cincinnati bekämpfte diesen Vorschlag, indem er erklärte, daß der Bund und mit ihm der Vorort, eine Tagsatzung in Washington nicht aner= kennen und deshalb auch auf **gleicher** Grundlage nicht unterhandeln könne; zugleich bestritt er die Competenz des Rahway Vereins, den Vereinen direkt einen derartigen Vorschlag zu machen, da, falls der Vorort dieses gutheißen würde, dieser Schritt das Verlangen des New Yorker Turnvereins in seinen Be= schlüssen vom 16. Dezember 1855 sank= tioniren würde.

Obgleich der Vorort von vornherein Partei gegen das beabsichtigte Schieds= gericht nahm, wurde dasselbe doch von mehr als zehn Vereinen unterstützt und so mußte der Vorschlag den Bundes= Vereinen offiziell zur Abstimmung vor= gelegt werden. In seiner desfallsigen Bekanntmachung erklärte der Vorort wiederholt und entschieden, daß ein sol= ches Schiedsgericht nicht nur nicht wün= schenswerth für den Bund sei, sondern auch im höchsten Grade Gefahr drohend für dessen Gedeihen und ferneres Be= stehen. Bei dieser so offen ausgesproche=

nen Stellung des Vororts gegenüber dieser Frage konnte die Abstimmung nicht anders, als mit großer Majorität gegen das Schiedsgericht lauten. Der Vorort in Williamsburgh unterstützte diesen und andere Vorschläge, welche eine Wieder= vereinigung bezweckten, auf das Bereit= willigste.

Im Dezember 1856 reichte der Mil= waukee Verein neue Anträge bei dem Vorort in Cincinnati ein. Doch erst in der Märzbeilage 1857 brachte dieser sie vor die Bundesvereine; sie lauteten:

„Nachdem wir mit den Verhandlungen der beiden Tagsatzungen genügend be= kannt sind, müssen wir erklären, daß beide das Interesse des allgemeinen Bun= des nicht gewahrt haben, indem der einen wie der andern Versammlung der Geist der Brüderlichkeit und Versöhnung fehlte.

Um jedoch die Organisation des Bun= des nicht weiter zerstören zu helfen, und da wir diesen Weg als den geeigneten halten, eine Wiedervereinigung herbeizu= führen, sei es beschlossen:

1. Den Verein Cincinnati als Vorort anzuerkennen und demselben gegenüber unsere Verbindlichkeiten als Bundesglied zu erfüllen.

2. Wir verlangen, daß eine neue Tagsatzung so bald als möglich und nicht später als Mai 1857 berufen werde, daß auf derselben alle an der letzten Tag= satzung dem Bunde angehörende Vereine zu Sitz und Stimme berechtigt sein sol= len. Ueber die später aufgenommenen und früher ausgetretenen Vereine soll diese Tagsatzung entscheiden. Dieselben mögen Delegaten senden und ihre Gründe und Ansprüche geltend machen.

3. Daß wir von den Vereinen ver= langen, wo möglich solche Delegaten zu senden, welche an keiner der letzten

Tagſatzungen anweſend waren, indem wir fürchten, daß Perſönlichkeiten oft höher als Grundſätze gehalten werden und überzeugt ſind, daß die überwiegende Mehrheit der Turner unſere Organiſation aufrecht erhalten und geeinigt wiſſen will.

· 4. Den Vorort zu erſuchen, dieſe Be-. ſchlüſſe in der nächſten Nummer der Turnzeitung bekannt zu machen und die einzelnen Vereine aufzufordern, ihre Meinung darüber an uns als einen un-betheiligten Verein einzuſenden und zwar mit der beſtimmten Erklärung, ob ſie f ü r eine in der von uns vorgeſchlagenen Weiſe zuſammengeſetzten Tagſatzung und wann und wo dieſelbe abgehalten wer-den ſoll.

5. Wir ſind für Abhaltung dieſer Tagſatzung in Detroit, am erſten Mon-tag im Mai nächſten Jahres (1857).

6. Dieſe Beſchlüſſe auch dem Vorort in Williamsburgh mitzutheilen und ihn um Veröffentlichung zu erſuchen.

Ferner wurde beſchloſſen, dem Vororte in Cincinnati mitzutheilen, daß, wenn derſelbe es nicht für gut finden ſollte, obige Beſchlüſſe zu veröffentlichen, wir daſſelbe ſelbſt thun werden und den Vor-ort dafür verantwortlich machen.“

Der Vorort in Cincinnati bekämpfte dieſe Vorſchläge ebenſo entſchieden, als diejenigen des Nahway Turnvereins und aus denſelben Gründen; und da ſie, wie bereits erwähnt, erſt im März 1857 ver-öffentlicht wurden, ſomit ihre Durch-führung bezüglich einer Extra-Tagſatzung von vornherein unmöglich gemacht war, ſo zog der Milwaukee-Verein dieſelben in einem Schreiben an den Vorort, 25. Mai, zurück, unter Verwahrung gegen die vom Vororte eingenommene Stellung und vorbehaltlich weiterer Schritte, die der Verein nach beſten Kräften für das Beſte

des Bundes und der Turnerei im All-gemeinen — „n a ch e i g e n e m u n-a b h ä n g i g e n U r t h e i l e“ — zu thun verſpricht.

Obgleich die Bemühungen der Vereine in Nahway und Milwaukee in der Wiedervereinigungs - Frage erhebliche Unterſtützung fanden, ſo wurde doch im Allgemeinen von der großen Majorität der Vereine das ablehnende Verhalten des Vororts in Cincinnati unterſtützt und, wie aus vielen der Halbjahrs-Be-richte jener Zeit hervorgeht, die von ihm aufgeſtellten Bedingungen der Wieder-vereinigung, welche ein vollſtändiges Aufgeben der Stellung des öſtlichen Bundes in den Streitfragen verlangten, nach dem Grundſatze, daß die Minorität der Majorität ſich zu fügen habe, gut-geheißen. Die Haltung der Turnzeitung, ſowie die conſequente Bekämpfung aller Vermittlungsvorſchläge Seitens des Vor-ortes, wenn ſolche obigem Grundſatze entgegen liefen, erklärt natürlich zur Ge-nüge dieſe Thatſache, da dieſem Einfluſſe gegenüber das Wort der Verſöhnung nicht zur Geltung kommen konnte.

Ohne beſonders erwähnenswerthe Er-eigniſſe, welche einen Einfluß auf die Turnvereine oder den Bund hätten aus-üben können, verging dieſes und die näch-ſten zwei Jahre. Nur die regelmäßig wiederkehrenden Turnfeſte und Tagſatzun-gen brachten etwas friſches Leben und Thätigkeit in den durch ſeine inneren Wirren hinſichtlich ſeiner öffentlichen Thätigkeit gelähmten Bund. Auf das Vereinsleben ſelbſt wirkten dieſe Mißhellig-keiten zwar nicht in dem Grade drückend, als wie auf den Geſammtbund; denn die Vereinsberichte ſprechen ſich durchſchnitt-lich günſtiger als im vorigen Jahre über die turneriſche Wirkſamkeit und die Verhältnisse der Vereine aus; doch nichts desto weniger konnte selbst ein ungleich höherer Aufschwung nicht entschädigen für den Verlust der Einigkeit und der gegenseitigen Freundschaft, deren man doch so sehr bedurfte, und auf welche zum großen Theil das Vertrauen und die so oft zum Ausdrucke gekommene Zuneigung der deutschen Bevölkerung gegen die Turner beruhte.

Das Bundesfest des westlichen Bundes wurde in Milwaukee vom 29. August bis 2. September abgehalten, und zu gleicher Zeit auch das des östlichen Bundes in New York. Beide Feste standen in Nichts hinter ihren Vorgängern zurück, in turnerischen Leistungen ragten sie über dieselben empor, ebenso im Bezug auf allgemeine Betheiligung Seitens der auswärtigen Turner

Als Sieger in den verschiedenen Wettkämpfen gingen hervor in Milwaukee:

Literarische Arbeiten über die Themata's:

1) Ist die Erhaltung des deutschen Elementes innerhalb der Ver. Staaten Republik für die Fortentwicklung derselben ersprießlich oder nicht?

2) Ist es möglich, ohne Unterricht in den Naturwissenschaften, wie dieselben sich heute gestaltet haben, die geistige Entwicklung der Jugend in genügender Weise zu fördern?

In der ersten Frage erhielt den Preis Friedrich Münch (Far West). Marthasville; in der zweiten Dr. Rösch von St. Louis.

2. Technische Arbeiten: Jacob Maag und Chr. Bauth von Milwaukee.

3. Künstlerische Arbeiten: David Wachter und Turnzögling Koch von Milwaukee.

4. Musik: Emil Weinberg von Milwaukee.

5. Deklamation: Jacob Heintz und Hans Böbel von Milwaukee.

6. Turnen: Jacob Heintz von Milwaukee, K. Dietrich von Chicago, Herm. Heine und Bernh. Fröhlich von Cincinnati und neun Andere. In demselben Fache noch 10 Turnzöglinge und 3 Turnschülerinnen.

7. Büchsenschießen: Wilh. Stübe, Cincinnati, nebst 2 Andern.

8. Pistolen-Schießen: E. Martin von Milwaukee und Stiefel von St. Louis.

9. Fechten: Georg Heintz von Milwaukee; Blaudowsky, St. Louis; Bernh. Fröhlich, Cincinnati.

10. Gerwerfen; Bernh. Fröhlich, Cincinnati.

11. Klettern: Koch von Chicago.

12. Laufen: Meinhardt von Burlington.

Beim Bundesfest in New York waren Sieger:

Literarische Arbeiten über die Themata:

1) „In was besteht das Ziel, nach welchem der Turnerbund sowohl, als jedes einzelne Mitglied desselben streben soll; welche Hindernisse sind zu bekämpfen, um das Ziel zu erreichen, und welches sind die Mittel dazu?"

2) Die Republiken des Alterthums und ihr Verfall, mit Rücksicht auf die jetzige Periode der Geschichte der Ver. Staaten."

In der ersteren Frage erhielt Professor Gambs von Williamsburg den Preis, in der zweiten Eduard Müller, New York.

2. Gesang. Turnerliedertafel von New York.

3. Fechten: Herm. Bennese und Bilse von New York und Hafner von Williamsburg.

4. Schießen: Franz Schmidt in Williamsburg, Conradi in Brooklyn und Klein in New York.

5. Turnen: Bothner und Franz in New York; Muth von Bloomingdale; Stumpf von Williamsburg und 10 andere. Außerdem 8 Turnzöglinge.

Die beiden Tagsatzungen, wovon die des westlichen Bundes vom 4. bis 7. September in Detroit und die des östlichen in Patterson vom 7. bis 11. September 1857 stattfand, brachten das Einigungswerk um nichts näher, trotzdem es an gutem Willen und Versuchen nicht fehlte. Auf westlicher Seite wurden Bedingungen gestellt, welche der östliche Bund, ohne vollständige Preisgebung seiner seither eingenommenen Stellung, nicht annehmen konnte; von östlicher Seite dagegen Fragen hineingezogen, die ursprünglich keinen Grund der Trennung bildeten, demnach auch nicht als Bedingung gestellt werden durften. Obgleich in seinem Bericht an die Tagsatzung in Bezug auf die Wiedervereinigung der Vorort Cincinnati die Ansicht aussprach, daß es sehr zu bezweifeln sei, ob unter den obwaltenden Umständen eine solche für den Bund ersprießlich sei, so wurde doch von der Tagsatzung ein Committee zu dem Zwecke ernannt, die Wiedervereinigungsfrage zu berathen und über folgende Punkte zu berichten:

1) Inwiefern ist eine Wiedervereinigung im Turnerbunde wünschenswerth?

2) Unter welchen Punkten ist solche zulässig?

3) Welche Schritte unsererseits dürften als die füglichsten erachtet werden?

Das Committee berichtete, daß eine Wiedervereinigung wünschenswerth sei, da die Turner der Feinde so viele haben und nur durch festes Zusammenschließen denselben erfolgreich Widerstand leisten können; und da weiter (wie das Committee überzeugt zu sein glaubte), die Mehrheit der Mitglieder der nicht zum Bunde gehörenden Vereine prinzipiell mit dem Bunde vollkommen einig sind. Das Committee schlägt deshalb folgende Bedingungen vor:

a) Bezahlung aller Rückstände bis zur Zeit des Austritts.

b) Anerkennung der Beschlüsse der Pittsburger Tagsatzung. Ferner Uebereinstimmung mit den diesjährigen Beschlüssen.

c) Der Vorort soll verpflichtet sein, die betreffenden Vereine nach Erfüllung obiger Bedingungen, ohne Eintrittsgeld und Probezeit wieder in den Bund aufzunehmen.

Der Bericht des Committee's und die Anträge wurden angenommen.

Die Tagsatzung in Patterson sandte eine telegraphische Depesche nach Detroit, anfragend, ob und unter welchen Bedingungen eine Vereinigung möglich sei, da dieselbe jedoch erst nach Schluß der Tagsatzung dort anlangte, so hielten die noch anwesenden Delegaten eine nachträgliche Berathung und ernannten zwei Mitglieder, um mit den Delegaten in Patterson persönlich Rücksprache zu nehmen und diesen die Bedingungen zu übermitteln.

Fellmann, Rochester, und Roßweg, New York, wurden als Delegaten nach Patterson ernannt.

Es war vorauszusehen, daß die Mission dieser Delegaten von keinem wirklichen Erfolge sein konnte, da sie erstens nicht bevollmächtigt waren, außer der Uebermittelung der „Bedingungen" sich in weitere Unterhandlungen einzulassen, und da zweitens diese Bedingungen den Bruch eher erweitern als heilen mußten; denn da die den östlichen Bund bildenden Vereine ihre Rückstände an ihren Vorort in Williamsburg bezahlt hatten und von diesem der Betrag in Kasse gehalten oder für turnerische Zwecke verausgabt war, so war die Forderung der nochmaligen Entrichtung der Beiträge an den Vorort in Cincinnati geradezu absurd.

Das Verlangen der nachträglichen Anerkennung der Pittsburger Tagsatzung könnte nur eine Demüthigung der östlichen Vereine bezwecken, da ja erstens keine principielle Meinungsverschiedenheit in den beiderseitigen Platformen herrschte, und zweitens die Beschlüsse einer Tagsatzung doch nur bis zur nächstfolgenden Gültigkeit haben, demnach eine nachträgliche Anerkennung einer früheren Tagsatzung praktisch werthlos ist.

Von östlicher Seite wurde die Wiedervereinigung auf der Basis der Gleichberechtigung beider Theile, jedoch zu gleicher Zeit auch die Aufhebung des Zeitungszwanges verlangt; das letztere Verlangen war gewiß eben so unbillig als die Bedingung des Westens; denn der Zeitungszwang war keine Streitfrage, auf Grund deren der Bund sich getrennt hatte, und konnte füglich nur dem Entscheid einer gemeinschaftlichen Tagsatzung anheimgestellt werden. Obwohl diese Forderungen von der Tagsatzung in Patterson nicht offiziell festgesetzt wurden, so geht aus den Verhandlungen doch hervor, daß man sie als Gegenbedingungen gegen die des Westens betrachtete. Durch Privatvermittlung wurden sie der Tagsatzung in Detroit gesandt, jedoch erst, in Folge zu späten Eintreffens, in

der nachträglichen Sitzung verlesen, wo sie natürlich ebenso viel Befremden erregten, als die Bedingungen Detroits in Patterson.

Da die Tagsatzung in Patterson erkannte, daß auf Grund der beiderseitigen Bedingungen keine Einigkeit erzielt werden konnte, so beschloß sie, die Abhaltung einer gemeinschaftlichen Tagsatzung zu beantragen, bei welcher beide Theile als gleichberechtigt zu betrachten seien. Diese Tagsatzung sollte in Rochester im Jahre 1858 abgehalten werden, und wurde zu diesem Zwecke ein Aufruf vom Vorort in Williamsburg an sämmtliche Turnvereine der Union erlassen, in welchem sie ersucht wurden, für Verlegung der Tagsatzung nach Rochester (von Seiten Detroits war Indianapolis bestimmt) zu stimmen.

Die statistischen Verhältnisse der beiden Körperschaften hatten sich nicht wesentlich verändert seit den letzten Tagsatzungen. Der westliche Bund, Vorort Cincinnati, bestand aus 86 Vereinen; die Mitgliederzahl konnte nicht genau bestimmt werden, da 28 Vereine keine statistischen Berichte gesandt hatten. Der, Williamsburg als Vorort anerkennende, östliche Bund zählte 22 Vereine mit 1800 Mitgliedern. (Die Bezeichnung östlicher und westlicher Bund, obwohl sie damals allgemein gebraucht wurde, hatte jedoch nur Berechtigung auf den Sitz des Vororts. Von einer geographischen Grenzlinie war keine Rede, und der westliche Bund hatte mindestens eine eben so große Anzahl Vereine in den Staaten, über welche der östliche Bund verbreitet war, als dieser selbst.)

Die Tagsatzung in Detroit, deren Beamte die Turner G. Hillgärtner und D. Hertle als Vorsitzende, und Krebs, Char-

lier und Gollmer als Schriftführer waren, beschäftigte sich mehr als gewöhnlich
mit turnerischen Fragen, doch mußte aus
p.kuniären Rücksichten der Antrag, über
Anstellung eines Bundes-Turnlehrers
fallen gelassen werden; statt dessen wurde
beschlossen:

„In Bundes-Vereinen, welche die
nothwendigen turnerischen Kräfte besitzen und durch ihre Ortslage dazu
geeignet sind, sollen Vorturnerschulen
zur Heranbildung tüchtiger Vorturner
für den Bund errichtet, und die betreffenden Vereine vom Vororte dabei
bestmöglichst unterstützt werden."

Dieser Beschluß hatte ebensowenig
wie ähnliche der vorhergehenden Tagsatzung einen Erfolg, und die Turnerschaft hatte sich abermals mit dem guten
Willen in dieser Beziehung zufrieden zu
geben.

Die Verhandlungen betreffs der Platform des Bundes waren von stürmischer
Natur; nicht als ob eine Uneinigkeit
eingetreten wäre hinsichtlich der radikalen Stellung des Bundes den politischen
Tagesfragen gegenüber; nein, die Ursache des Sturmes war die Einbringung
eines Antrags, eine Frage betreffend, die
vor nicht langer Zeit ebenfalls bedeutende
Aufregung im Bunde verursachte: Die
Frauenrechts-Frage. Die Tagsatzung
amendirte die Bundesplatform in dieser
Beziehung folgendermaßen:

„Die Turner bekämpfen Sklaverei,
Nativismus oder irgend welche Rechts-
entziehung, die sich auf Hautfarbe,
Religion, den Ort der Geburt oder
auf das Geschlecht bezieht, da
solche sich mit einer kosmopolitischen
Weltanschauung nicht vereinigen läßt."

Die Abstimmung über diesen Passus
wurde mehrfach beanstandet und angegriffen, jedoch eine Wiedererwägung
n i c h t vorgenommen. Die Platform
des Bundes, wie sie nach der Tagsatzung
vom Vorort veröffentlicht wurde, enthält
jedoch nur anstatt der obigen Erklärung
die Worte: „irgend welche Rechtsent-
ziehungen, welche sich mit kosmopolitischen Grundsätzen nicht vereinigen lassen." Der Vorort nahm demnach eine
Veränderung des Wortlauts bei der Redaktion vor, wohl weniger aus Gründen
der Kürze, als vielmehr um einen Stein
des Anstoßes aus dem Wege zu räumen,
der bei den Verhandlungen selbst die Gemüther der Delegaten schon in nicht geringe Aufregung gebracht hatte.

Die Turngemeinde in Cincinnati sah
sich genöthigt, da alle vorgeschlagenen
Vereine entschieden ablehnten, den Vor-
ort auf ein weiteres Jahr zu behalten.
Das Turnfest wurde nach Buffalo, die
Tagsatzung nach Indianapolis verlegt.
Die Redaktion der Turnzeitung erhielt
Gottfried Becker.

Bei der Tagsatzung in Patterson fungirten die Turner Kluckhuhn und Kammerhuber als Vorsitzende, und Nicolaus
Enger und Eduard Müller als Schriftführer, letzterer als correspondirender.
Platform und Statuten wurden beinahe
unverändert beibehalten. Der Vorort
blieb auf ein weiteres Jahr in Williamsburg. Die Bestimmung der Zeit und
des Ortes der Tagsatzung, (im Falle eine
gemeinschaftliche Tagsatzung nicht zu
Stande kommen sollte) und des Turnfestes wurden ihm anheim gegeben.
Cincinnati wählte folgende Mitglieder in den neuen Vorort:

Albert Tafel—1. Vorsitzender.

Moritz Jacobi—2.   „

Friedrich Bertsch—1. prot. Schriftf.

Gustav Hof—   2.   „   „

Otto Reventlow — corresp. „
A. Forbriger — Buchführer.
John A. Mohlenhoff — Schatzmeister.
Ernst Jacobi — erster Turnrath.
Wilh. Stübe — zweiter „
und Williamsburg:
August Irmscher — erster Vorsitzer.
Valentin Lehmann — zweiter Vorsitzer.
Konrad Weiß,
Heinrich Gambs, } Schriftführer.
Friedr. Wedicke,
Karl Näher — Buchhalter.
Joseph Walter — Kassirer.
Franz Heller,
August Richter, } Turnräthe.

Doch schon nach kurzer Zeit trat Winters an Stelle von Gambs als corresp. Schriftführer und S. M. Peterson, der frühere Bundesschatzmeister, an Stelle von Näher als Buchhalter.

Schon kurze Zeit nach den Tagsatzungen machte sich der unheilvolle Einfluß, welchen das Gefühl der Täuschung über die nicht erfolgte Vereinigung erzeugte, geltend, und es fing eine allmählige Zerbröckelung des Bundes an. Nachdem schon einige Zeit vorher Philadelphia nebst einigen kleinen mehr westlichen Vereinen aus dem östlichen Bunde ausgetreten war, folgte im westlichen Bunde einer der bedeutendsten Vereine, der zu Milwaukee. Unzufrieden mit der Stellung des Vororts und der Tagsatzung in der Versöhnungsfrage, sah der Verein es als ein Unrecht an, den Bund länger aufrecht zu erhalten, und trat aus in der Hoffnung, eine Aenderung möglicherweise herbeizuführen. Doch trotz alledem wurde der Vorort in Cincinnati nicht müde, seine eingenommene Stellung den östlichen Vereinen gegenüber zu behaupten und Alles zu bekämpfen, was eine Vereinigung unter anderen Bedingungen als die

seinigen hätte erzielen können. In verletzender und kränkender Weise wurde sogar der Vorschlag einer gemeinschaftlichen Tagsatzung von ihm entgegen genommen und schon im Keime erstickt, so daß selbst ihm befreundete Vereine gegen ein solches Verfahren protestirten, z. B. der social-demokr. Turnverein in Baltimore, welcher am 7. Februar 1858 eine Reihe von Beschlüssen faßte, in welchen er gegen die sich von Seiten des Vororts kundgebenden Ansichten und negativen Tendenzen, wie auch namentlich gegen die anzügliche mit Invektiven und Insinuationen gegen die östlichen Turner ausgestattete Form des Rundschreibens, in welchem die Vermittlungsvorschläge behandelt waren, feierlich Verwahrung einlegte und in der abseiten des Vororts, in dieser Angelegenheit angenommenen, schroff ablehnenden Stellung nur ein Mittel erblickte, die auf der letzten Tagsatzung angestrebte Vereinigung zu vereiteln und wohl gar unmöglich zu machen.

Daß unter diesen Umständen das Jahr 1858 ebenfalls nicht zu den erfolgreichen für den Bund gezählt werden kann, ist ersichtlich. Die Trennung selbst hatte für die Vereine, wie schon erwähnt, im ersten Jahre keinen direkt schädlichen Einfluß; man hielt sie für schnell vorübergehend und erwartete einen neuen Impuls gerade durch die Wiedervereinigung. Doch jetzt mußte man sich gestehen, daß man nicht nur allein eine vollständige Spaltung vor sich hatte, sondern Muthlosigkeit und Zerwürfnisse im Innern und dabei einen Vorort, der bis auf das Weiße unterm Nagel seinen „Rechtsstandpunkt“ festhielt, und mit Ausnahme der größeren Vereine so ziemlich alle anderen mit sich fortriß. Ihm einen Vorwurf aus dieser Hartnäckigkeit zu machen kann Niemand einfallen; denn der Vorort machte nie ein Hehl aus seinen Ansichten und wurde trotz mehrfachen Ablehnens zum Drittenmale gewählt, obwohl man wissen mußte, daß unter der Vorortschaft Cincinnati's keine Vereinigung zu Stande kommen könne. Wenn irgend Jemand ein Vorwurf trifft, so sind es die Vereine von Baltimore, St. Louis und Milwaukee, die einer Vereinigung auf einer vernünftigen Grundlage günstig gestimmt, doch beharrlich die Vorortschaft ausschlugen, zu einer Zeit, wo Cincinnati selbst sich nach seiner Enthebung dieses Amtes sehnte und gerne bereit war, es andern Händen zu übergeben.

IX.

Während der östliche Bund von Mißhelligkeiten in seinem Innern verschont blieb und wenigstens in Bezug auf seine Einigkeit nicht besser gestellt sein konnte, dafür aber auch als Bund von allem öffentlichen Leben absehen mußte, da sein Einfluß in seiner verhältnißmäßig geringen Stärke und ohne ein öffentliches Organ, das seine Tendenz nach Außen vertrat, von nicht besonders großer Bedeutung in der Wagschaale des politischen Lebens sein konnte, drohten dem westlichen Bunde erneute Zerwürfnisse nach der Tagsatzung in Detroit, durch den Versuch des Vororts, die radikale Tendenz des Bundes hinsichtlich der Sclavenfrage in allen Vereinen desselben und bei allen Turnern zu erzwingen.

Man hätte denken sollen, daß nach der ganzen Vergangenheit des Bundes, nach seinen seit siebenjährigem Bestehen so oft und deutlich ausgesprochene Prinzipien, seinen gerade in dieser Frage so radikalen Platformen der drei letzten Jahre, und trotzdem es die Turnzeitung sich speziell zur Aufgabe gemacht hatte, das Institut der Sclaverei zu bekämpfen, daß eher irgend etwas, als gerade diese Frage ein neuer Zankapfel werden könnte, und doch war es so. Im Oktober 1857 fühlte sich der Vorort veranlaßt, in einem Rundschreiben an sämmtliche Vereine des Turnerbundes dieselben auf den Paragraphen der Platform besonders aufmerksam zu machen, nach welchem die Turner verpflichtet sind, die Sclaverei zu bekämpfen. Der Vorort hielt diesen Schritt für nöthig, da er zu der Ueberzeugung gelangt war, daß die einzelnen Vereine bei der Aufnahme neuer Mitglieder nicht mit der nöthigen Vorsicht zu Werke gingen, um den Eintritt von Prosclaverei-Leuten, — und als solche betrachtete man damals jeden Anhänger der demokratischen Partei, — zu verhindern. Der Vorort schrieb in seinem Erlaß unter Anderem:

„Wir richten nun in Beziehung auf diesen Punkt die ernste Frage an die gesammten Vereine des Bundes, ob sich in ihrer Mitte **keine** Turner befinden, welche, trotz ihres abgegebenen Versprechens, dennoch Grundsätzen huldigen, welche den Beschlüssen der Tagsatzung schnurstracks zuwiderlaufen? Wir glauben, im Interesse des Bundes, zu einer rücksichtslosen Purifikation, zu einer radikalen Reinigung des Bundes im Sinne der radikalen Tagsatzungs-Beschlüsse dringend anrathen zu müssen."

Um dieses zu erreichen, schlug der Vorort folgenden Weg vor:

„Die Vereine, welche sich in Detroit repräsentiren ließen, sind natürlich gehalten, solidarisch zu haften für die Ausführung der dort gefaßten Beschlüsse, und folglich auch verpflichtet, jeder in seiner Mitte, dafür Sorge zu tragen, daß man die etwaigen Proslaverei-Mitglieder herausfindet. Dies kann einfach durch Zusammenberufung allgemeiner Vereins-Versammlungen geschehen, in welchen Mann für Mann auf sein Wort gefragt wird, ob er mit der Detroiter Platform einverstanden ist und für deren Verwirklichung auch nach Kräften wirken wolle. — Wer hierauf eine verneinende oder ausweichende Antwort gibt, kann nicht als Mitglied irgend eines zum Bunde gehörenden Vereins geduldet, sondern muß excludirt werden."

Von vielen Seiten wurden Einwendungen gegen den Erlaß des Vororts gemacht und derselbe als ein Versuch bezeichnet, den Turnern eine politische Parteistellung aufzuzwingen oder von Seiten des Bundes einen „Gewissenszwang" auf seine Mitglieder auszuüben. Der Vorort stützte sich auf die Bundesplatform und betrachtete es als selbstverständlich, daß Niemand Mitglied des Bundes sein könne, der nicht vollständig mit dessen Prinzipien einverstanden sei; in der Mißachtung dieses Grundsatzes sah er zugleich eine Gefahr, da durch ein allmähliches Ueberwuchern der Gegner der Platform oder auch nur eines Theiles derselben, der Bund der Reaktion in die Arme geliefert werden würde. Die letztere Befürchtung war jedenfalls sehr übertrieben, denn, selbst wenn man die Möglichkeit dieser Gefahr zugibt, so war sie doch eine so entfernte, so wenig dringliche, daß das extreme Vorgehen des Vorortes, das unverhoffte und plötzliche Hineinwerfen dieser Frage in das innere Vereinsleben, nicht zu rechtfertigen war. Der Vorort war eben gewohnt, stets in seinen Hand-

lungen und Ansichten auf der äußersten Kante zu gehen oder sich in Extremen zu bewegen. Den Umständen und Verhältnissen Zugeständnisse zu machen oder ihnen Rechnung zu tragen, war nicht seine Sache, und es ist dieses ein charakteristisches Merkmal der dreijährigen Dauer der Vorortschaft in Cincinnati.

Die Blöße, die der Vorort durch sein „Purifikations - Manifest" dem ganzen Bunde gab, scheint er kaum geahnt zu haben. Nachdem man in den zwei Jahren vorher die Vereine des östlichen Bundes der Prinzipienuntreue beschuldigt und ihnen vorgeworfen hatte, gegen die Platform des Bundes conspirirt zu haben, dabei stets die eigene Principientreue auf das Eifrigste betont hatte, warf der Vorort den grellsten Schatten auf die prinzipielle Gesinnungstüchtigkeit der Vereine des Bundes durch seine Behauptung, daß „notorische Proslaverei-Leute" und die „Partei der politischen Reaktion und des religiösen Obscurantismus in die Hallen der Turner Eingang gefunden habe."

Ein Theil der Vereine ignorirte das Manifest des Vororts vollkommen, ein anderer Theil wies es entschieden zurück, als eine Einmischung in die inneren Vereinsangelegenheiten. In vielen Vereinen jedoch war es die Brandfackel, die den Frieden und die Einigkeit des Vereinslebens störte und untergrub, erbitterte Streitigkeiten hervorrief und schließlich auch zu Spaltungen und zur Gründung von unabhängigen Vereinen führte. Der stärkste der südlichen Vereine, der New-Orleanser Verein, erklärte nun ebenfalls seinen Austritt und that dieses, indem er leider auch für nöthig erachtete, diesen Schritt durch eine Bekanntmachung zu veröffentlichen, in welcher er seine Ueber-

einſtimmung mit „ſüdlichen Inſtitutio=
nen" erklärte.

Turner Guſtav Tafel, der an Stelle
von Albert Tafel, welcher zurückgetreten,
zum erſten Vorſitzenden des Vororts ge=
wählt worden war, trat mit Entſchieden=
heit gegen das Vorortsmanifeſt auf und
ward dadurch Veranlaſſer einer Zeitungs=
Controverſe, die, weil ſie größtentheils
nur objektiv, und nicht, wie ſonſt immer
derartige Fragen perſönlich gehalten war,
ſehr viel zur Klärung des politiſchen
Standpunktes der Turner beitrug und dem
Vorortserlaſſe ſeine ſchädliche und ver=
derbliche Spitze abbrach. Guſtav Tafel,
der in Folge ſeiner eingenommenen
Stellung dem Vorort nur einige Wochen
angehörte (Werner trat an ſeine Stelle),
ſtützte ſich hauptſächlich darauf, daß
erſtens kein Grund zu einem derartigen
Vrgehen Seitens des Vorortes vorhanden
ſei, indem die Vereine hinreichend Mittel
und wohl auch Wachſamkeit beſäßen,
allenfallſige Pläne reaktionärer Mit=
glieder zu vereiteln; zweitens daß der
Bund eine revolutionäre „Pflanzſchule"
ſei, alſo Andersdenkenden der Eintritt zu
ihrer eigenen Bekehrung nicht geradezu
verwehrt werden dürfte; drittens daß
dadurch der Bund einer politiſchen Partei
dienſtbar gemacht würde, was gleichbe=
deutend mit ſeinem Untergange wäre,
und ſchließlich ſei die bloße Anhänglich=
keit an die demokratiſche Partei noch kein
Beweis ſclavereifreundlicher Geſinnung,
da bei der Doppelzüngigkeit demokrati=
ſcher Parteiblätter noch Tauſende von
deutſchen Demokraten eine reaktionäre
Tendenz der demokratiſchen Partei ab=
läugneten.

Einen tüchtigen Mitſtreiter erhielt Ta=
fel in "Far Weſt" (Friedrich Münch),
der in einem Artikel, „Gewiſſenszwang

in den Turnvereinen", dieſe Frage in
gediegener Weiſe behandelte. Einige
Bemerkungen "Far Weſt's" mögen hier
einen Platz finden, da ſie nicht allein auf
den damaligen politiſchen Standpunkt
des Bundes Bezug, ſondern auch heute
noch ihren Werth haben. Er ſagt:

„Wenn die hieſigen Turner", die
Heranbildung von Menſchen mit kräf=
tigem, gewandtem Körper, und verſtän=
digem und freiem Geiſte, bereit und
fähig zum Kampfe für den Fortſchritt
und Humanität, „zu ihrem Wahlſpruch
machen, ſo ſtellen ſie ſich auf eine Plat=
form, welche weder zu breit, noch zu
ſchmal iſt; wenn ſie es dagegen unter=
nehmen, ſociale und ſelbſt philoſophiſche
Fragen, über welche noch jetzt zwiſchen
den beſten und erleuchtetſten Menſchen
ein großer Meinungs=Unterſchied be=
ſteht, in der Art, einſeitig zu entſchei=
den, daß eine ehrliche Anſicht in ihrer
Mitte gar nicht geduldet werden ſoll,
ſo verfallen ſie in einen Dogmatismus,
der ſie ungerecht und inhuman gegen
andere macht, ihren eigenen Fortſchritt
mehr hindert als fördert und vermuth=
lich dem ganzen Bunde den Untergang,
oder doch eine beklagenswerthe Zer=
ſplitterung droht.

„An eine Gefahr, daß ein reaktionä=
rer Geiſt unter den Turnern einreißen
möge, iſt gewiß um ſo weniger zu den=
ken, je ſorgfältiger man der Zerſplit=
terung vorbeugt; denn die große
Mehrzahl der hieſigen Turner ſind
rüſtige und ſtrebſame deutſche Männer
im kräftigſten Lebensalter, freiſinnig
in Anſicht und zum Handeln für jede
beſſere Sache geneigt, denen hauptſäch=
lich nur fortwährende vielſeitige
geiſtige Anregung zu wünſchen iſt.
Jemehr man gegen Alle liberal und

human ist, und wirkliche Fortbildung fördert, statt irgend eine Orthodoxie zu erzwingen, desto weniger hat man von „Verräthern im eigenen Lager" zu befürchten. Ungeeignete werden in einen solchen Verein sich nicht hinein wagen, oder freiwillig aus demselben ausscheiden.

„Statt sich kastenartig abzuschließen, suche die Turnerei vielmehr sich völlig allgemein zu machen; die ganze jetzige Organisation ist nur durch die Umstände des Augenblicks gerechtfertigt, weil es darum gilt, für eine gute Sache hier erst festen Boden zu gewinnen; keineswegs aber gehen alle humanen Bestrebungen in diesem Lande in der Turnerei, oder gar in einer dogmatisch von ihren Mitgliedern festgestellten Glaubensnorm auf."

Der Vorort begnügte sich mit dem Erlassen des Manifestes und mit der Vertheidigung desselben, nachdem es angegriffen war, ohne jedoch weiter eine strenge Durchführung seiner „Purifikationsregel" zu verlangen, was, bei der zweifelhaften Aufnahme, die es in den meisten Kreisen gefunden hatte, den Umständen nach auch das Beste war. Staub hatte es genug aufgewirbelt, und in manchem Verein Mißtrauen und Uebelwollen erregt und Spaltungen verursacht, ohne die vorhandene Sachlage auch nur im Geringsten zu verbessern.

Hinsichtlich des Turnbetriebs schien es in diesem Jahre, als ob ihm von Seiten der Amerikaner eine größere Aufmerksamkeit zu Theil werden würde. Es finden sich Berichte aus verschiedenen Theilen des Landes in der „Turnzeitung", welche Mittheilungen von der Gründung amerikanischer Turnvereine, oder der Einführung des Turnen's in verschiedene Schulen und Institute machten. Eine Turnschule, welche einen vielversprechenden Anfang nahm, wurde durch Prof. Christin und Turnlehrer Römmler an der „Old Miami University", in Oxford, Ohio, errichtet und zugleich ein amerikanischer Turnverein daselbst gegründet, welcher bald eine Mitgliederzahl von 150 erreichte, (meist Studenten der Universität); beide, Schule und Verein, nach deutschem System eingerichtet. Letzterer befaßte sich sogar später mit der Errichtung eines Turnlehrer-Seminars, doch verlautete nicht, daß wirklich Turnlehrer aus der Anstalt hervorgingen.

Am 29. Juni 1858 feierte dieser Verein sein erstes Turnfest, dessen Programm ein echt deutsches war, und ein Riegenturnen der Zöglinge, Pyramidenbau, Fechten, Preisturnen von Mitgliedern und Fremden, Kürturnen an sämmtlichen Geräthen, Preisvertheilung, sowie Musik- und Gesangs-Vorträge enthielt. Auch eine Festrede fehlte nicht; dieselbe wurde von Wm. M. Corry von Cincinnati gehalten.

In New Orleans, Indianapolis und andern Orten wurden ebenfalls von Amerikanern Turnvereine errichtet. Turnanstalten bestanden bereits in den meisten größeren Städten der Vereinigten Staaten; doch übten sie als Privat-Anstalten und bei unverhältnißmäßig hohem Beitrag, den die Eleven zu entrichten hatten, und der nur den Bemittelten den Besuch dieser Gymnasien gestattete, sowie endlich durch die gänzliche Schrankenlosigkeit bei dem Betrieb der Uebungen, da von einer systematischen Entwicklung derselben abgesehen wurde, nicht den erhofften Einfluß auf die allmählige Einbürgerung des Turnwesens in den Vereinigten Staaten aus. Sie hatten nur einen sehr beschränkten Erfolg und heute ist ihre Zahl, sowie verhältnißmäßige Betheilung nicht größer als damals und außer der Heranbildung einer Anzahl „Gymnasten", die in dem oder jenem Fache verhältnißmäßig Ausgezeichnetes leisteten, ist über ihr Wirken vom deutschen Standpunkte aus nur wenig Günstiges zu berichten.

Auch eine amerikanische Turnzeitung erschien zu jener Zeit unter dem Namen „The Gymnast" und wurde in ziemlich kleinem Format von einem Hrn. Sedgewick, dem Besitzer eines Gymnasiums in New York, herausgegeben; doch bei der einseitigenAuffassung, der dieAmerikaner hinsichtlich des Turnens huldigten und bei der Unkenntniß eines systematischen Turnbetriebes, hauptsächlich des deutschen, konnte selbst diese Zeitung nichts anders als ein verfehltes Unternehmen sein, das für die Entwickelung der Turnerei nicht den geringsten Einfluß hatte.

Die deutsche Turnerei hatte um jene Zeit bereits in Canada, besonders im westlichen Theile desselben erhebliche Fortschritte gemacht, wie eine Anzahl deutscher Turnvereine, über die anfänglich recht Günstiges berichtet wurde, bekundeten. Sogar ein allgemeines Turnfest dieser Turnvereine wurde im Jahre 1858 in Preston gefeiert; doch da weder eine direkte Annäherung noch Verbindung zwischen den Vereinen des socialistischen Turnerbundes und denen Canada's stattfand und diese in späterer Zeit nur sehr wenig von sich hören ließen und ebenfalls für die Entwickelung deutschen Turnwesens noch keinen örtlichen Einfluß hatten, so kann außer dieser Erwähnung die Turnerei in Canada nicht weiter hier in Betracht kommen, bietet wohl auch keine Anhaltspunkte für eine weitere Berücksichtigung dar.

Das Bundesturnfest des westlichen Bundes wurde anstatt in Buffalo in Belleville abgehalten, da der erstere Verein wegen ungenügender Verhältnisse das Fest abgelehnt hatte. Dasselbe fand am 30. August 1858 statt und erhielt durch die von Friedr. Hecker gehaltene Festrede noch einen besonderen Reiz. Bundespreise für erste Leistungen in den verschiedenen Fächern erhielten:

1. Literarische Arbeit über die Frage: „Hat das Christenthum die intellektuelle, sittliche und politisch freie Fortbildung der Menschheit gefördert oder gehemmt?" Friedrich Münch, Marthasville.

2. Künstlerische Arbeit; Beyer, Alton, Ills.

3. Dellamiren; Höchster, St. Louis.

4. Geräthturnen; Geo. Hertel, St. Louis.

5. Naturturnen; H. Heine, Cincinnati.

6. Büchsenschießen; Burgund, Indianapolis.

7. Pistolenschießen; Hoffmann, St. Louis.

8. Hieb=Fechten; Wm. Stüwe, Cincinnati.

9. Stoß = Fechten; Hoffmann, St. Louis.

10. Bajonettfechten; Hoffmann, St. Louis.

Im Osten fand dieses Jahr kein Bundesfest statt, da laut Tagsatzungsbeschluß ein solches nur alle zwei Jahre abgehalten werden sollte.

Die Tagsatzung des westlichen Bundes fand vom 4. bis 8. September in Indianapolis statt. Vorsitzer derselben waren David Huth, Chicago, und G. Tafel, Cincinnati. Sekretäre M. Pfäflin, Hamilton, Wm. Rothacker, Albany und G. Hof, Cincinnati. Vertreten waren durch 40 Delegaten 47 Vereine mit 76 Bundesstimmen. In seinem Bericht giebt der Vorort kein sehr trostreiches Bild der Bundesverhältnisse, die in Folge der seit einem Jahre wieder zu Tage getretenen Geschäftskrisis und zum Theile auch durch die Trennung des Bundes, sich seit der letzten Tagsatzung auffallend verschlechtert hatten. Der Bund bestand nur noch aus 67 Vereinen mit ungefähr 4000 Mitgliedern. 16 Vereine waren ausgetreten und 20 hatten sich aufgelöst. Nur 13 waren dem Bunde neu beigetreten. Einen Trost findet der Bericht in dem Umstande, daß bereits 15 Turnvereine von Bürgern amerikanischer Abkunft gegründet, in schönster Blüthe beständen. Von den 67 Bundesvereinen hatten nur noch 25 Turnschulen und zwar mit gegen 700 Schülern. Mädchenturnschulen bestanden nur noch in Cincinnati, Albany und Pittsburg, mit ungefähr 50 Schülerinnen. Aus den weiteren statistischen Angaben des Berichts erhellt, daß 12 Vereine Schützen-Compagnien hatten mit 300 Mitgliedern. 19 Vereine besaßen Bibliotheken mit gegen 5000 Bänden. 14 Vereine hatten Theater, 36 Gesangsektionen, 16 Vereine ließen Vorträge und Vorlesungen in ihren Hallen abhalten und in 37—40 fanden regelmäßige geistige Uebungen statt. Die 67 Bundesvereine verfügten über ein Vermögen von $60,000. Ueber die von der letzten Tagsatzung empfohlenen Vorturnerschulen konnte ebenfalls nichts besonders Günstiges berichtet werden; selbst der Vorort konnte nach seinem eigenen Geständniß mit dem besten Willen kein derartiges Institut zu Stande bringen.

Die Wiedervereinigungs-Frage wurde durch einen Brief Petersons von Williamsburg, welcher Vorschläge zur Vereinigung mit den östlichen Turnern enthielt, auf's Neue angeregt. Peterson erläuterte die von den östlichen Vereinen eingenommene Stellung gegenüber den von westlicher Seite gestellten Bedingungen und hob hauptsächlich hervor, daß Punkt 1, die Bezahlung der Rückstände nicht durchgesetzt werden könne, da diese Rückstände von den Vereinen bereits ihrem Vororte in Williamsburg bezahlt worden seien und von diesen entweder in Kasse gehalten oder für turnerische Zwecke verwandt wurden, demnach die Verschmelzung der Aktivas und Passivas beider Theile der einzig mögliche Weg sei, die finanzielle Schwierigkeit zu lösen. Hinsichtlich des von östlicher Seite beanstandeten Zeitungszwanges schlug Peterson entweder Fallenlassen des betreffenden Paragraphen oder eine möglichst große Preis-Erniedrigung der Zeitung vor, um es dadurch den Vereinen so leicht als möglich zu machen, ihren Verpflichtungen in dieser Beziehung nachzukommen.

Die Tagsatzung beantwortete diese Vorschläge mit neuen Bedingungen, die jedoch im Wesentlichen und im Prinzipe ganz dieselben vom vorigen Jahre waren, und anstatt eine Wiedervereinigung auf der Basis der Gleichberechtigung eine Unterwerfung verlangten. Sie lauteten:

1. „Daß die ausgetretenen Vereine ihre Rückstände bezahlen, ihnen aber das Recht gegeben wird, die Fristen zur Bezahlung selbst zu bestimmen.

2. Daß sie die jetzt bestehenden Beschlüsse und Satzungen des Turnerbundes anerkennen, und

3. Nach Erfüllung dieser Bedingungen

ohne Eintrittsgeld und Probezeit in den Bund eintreten können.

Diesen Bedingungen wurden noch folgende Beschlüsse hinzugefügt:

1. „Diese Propositionen sollen durch den Schriftführer der Tagsatzung der Williamsburger Turngemeinde mitgetheilt werden.

2. Es soll, wenn eine Vereinigung unter den aufgestellten Bedingungen zurückgewiesen wird, künftighin diese Frage unserseits als geschlossen betrachtet werden."

Bedingungen und Beschlüsse lauten nichts weniger als versöhnlich. Die östlichen Vereine verlangten keine Wiederaufnahme in den Bund ohne „Eintrittsgeld und Probezeit", sondern die Wiedervereinigung zweier Körperschaften als solche. Die größte Demüthigung lag jedoch in Punkt 1, da, wenn der Osten diesen Punkt zugestanden, er zugleich auch anerkannt hätte, daß die Bezahlung der Rückstände an den Vorort Williamsburg eine ungerechtfertigte war, und „Betrug und Schwindel" gegen den westlichen Bund, wie es von Seiten des Vororts in Cincinnati mehrfach in öffentlichen Erlassen genannt wurde. In den Beschlüssen, die zu den Bedingungen gefaßt wurden, konnte man sich noch nicht einmal dazu verstehen, den östlichen Bund und dessen Vorort Williamsburg anzuerkennen, und ließ dieses Ultimatum der „Williamsburger Turngemeinde" mittheilen. Daß durch diese kaum denkbare Hartnäckigkeit und kleinliche Auffassung der Sachlage abermals keine Vereinigung zu Stande kam, konnte nicht überraschen.

Die Tagsatzung des östlichen Bundes, die vom 26. bis 27. September in Bloomingdale, N. Y., stattfand, (für eine gemeinschaftliche Tagsatzung hatten nur 3 westliche Vereine gestimmt) beantwortete ihrerseits diese neuen Bedingungen mit folgendem Beschluß:

„Die Tagsatzung weist die Vermittlungsvorschläge des Westens, als mit ihrer Ehre unvereinbar, zurück.

Die weiteren Verhandlungen dieser beiden Tagsatzungen bieten kein besonderes Interesse. Westlicher Seits wurde der Vorort nach Dubuque, die Tagsatzung nach Chicago und das Turnfest nach Baltimore verlegt. Als Redakteur der Turnzeitung wurde Wm. Rothacker erwählt. In Bloomingdale tagten östlicher Seits unter dem Vorsitze von Irmscher, Williamsburg, und Ackmann, Washington, 13 Vereine mit 25 Bundesstimmen. Als Sekretär fungirten Ed. Müller, New York, B. Hamann, Bloomingdale. Der Bericht des Vororts lautete nicht weniger ungünstig, als der des westlichen Bundes. Die Geschäftsstockung hatte auch im Osten unter den kleinen Vereinen ziemlich aufgeräumt. 7 hatten sich zum Theil aufgelöst oder aus pekuniären Gründen ihre Verbindung mit dem Vororte aufgehoben. Anstatt der seit zwei Jahren erschienenen Monatsschrift wurde die Herausgabe einer Vierteljahrsschrift beschlossen. Der Vorort wurde nach Washington, das Turnfest nach Williamsburg und die Tagsatzung nach Poughkeepsie verlegt.

In der Platform wurde eine Verkürzung vorgenommen, indem der Schlußsatz der alten Platform durch folgenden Passus ersetzt wurde:

„Die Vertretung der Prinzipien des Turnerbundes, in Bezug auf amerikanische Politik kann nur durch Bekämpfung aller bestehenden Mißbräuche geschehen."

Das Hinweglaffen der Erklärung, daß Sklaverei, Nativismus und Temperenz= zwang als die Brennpunkte dieser Miß= bräuche angesehen werden, wurde viel= bach gegen den östlichen Bund benützt und als ein Rückschritt in Bezug auf feine politische Stellung bezeichnet, was jedoch feinerfeits entschieden verneint wurde. Da die Sklavenfrage und der Nativismus gerade zu jener Zeit wirklich noch „Brennpunkte" der amerikanischen Politik waren, und die Vereine des östli= chen Bundes durch die Turnzeitung und offizielle Kundgebungen des Vororts in Cincinnati mehrfach ungerechterWeise der Untreue an den Prinzipien des Bundes beschuldigt worden waren, so war ein Aufgeben dieser Worte in der Platform unweife, da es auf's Neue Bedenken gegen den östlichen Bund erregte, und dem noch fo stark obwaltenden Mißtrauen neue Nahrung zuführen mußte. Glück= licher Weise brachte die nächste Zukunft fchon gegründete Aussicht, daß die un= glückfelige Trennung bald ihr Ende er= reichen würde, und so hatte der Schritt der Bloomingdale Tagfatzung nur eine momentane Wirkung, andernfalls würde er die Ursache zu erneuten Angriffen ge= worden sein.

X.

Zu Mitgliedern des Vororts wurden in Dubuque erwählt:

Johann Bittmann—1. Vorfitzer.
Franz M. Freund—2. do.
Aug. Dubrock } prot. Schriftf.
Fr. E. Deggendorf }
Geo. Hillgärtner—corresp. Schriftf.
Julius Schmidt—Schatzmeister.
Rob. E. Hilgard—Buchhalter.
Joseph Hummel } Turnräthe.
Alb. Jüngst }

Am 1. Dezember 1858 trat der neue Vorort fein Amt an. Die Turnzeitung erschien ebenfalls erst von jenem Tage an, unter der Redaktion Wilh. Roth= acker's in Dubuque.

Mitglieder des Vororts in Washing= ton waren:

L. Waldecker—1. Vorfitzer.
K. Dieterich—2. do.
S. W. Kammerhuber—corr. Schriftf.
M. Groß—prot. Schriftf.
M. Briel—Schatzmeister.
M. Hoffa—Buchhalter.
Chs. Dieterich—Turnrath.

Die erste Nummer des officiellen Or= gans des östlichen Bundes erschien unter dem Titel: „Vierteljahrsbericht des fo= cialistischen Turnerbundes von Nord= America" am 15. December 1858.

Trotzdem die Verhandlungen der letz= ten Tagfatzungen direct nichts dazu bei= getragen hatten, das Werk der Verföh= nung zu beschleunigen, fondern eher zu den Glauben veranlaßten, daß die ge= genseitige Haltung nur eine um fo fchrof= fere geworden und die Heilung des Bru= ches in weitere Ferne als je gerückt fei, war doch durch die Verlegung der Vor= orte nach Dubuque und Washington thatfächlich die erste Bedingung geschaf= fen, auf welche hin die Wiedervereini= gung geplant werden konnte; denn da= durch wurde die Frage mehr in die Hände folcher Männer gelegt, die nicht direkt bei der Entstehung der Differenzen be= theiligt waren und nicht gewissermaßen die Trennung felbst veranlaßt hatten; deßhalb auch ruhiger und leidenfchaftslo= fer, frei von allen Persönlichkeiten, die Sache betreiben konnten.

In den ersten zwei Nummern des Vier= teljahrsberichts des Washingtoner Vor= orts, wurde die Wiedervereinigung fchon

direkt in's Auge gefaßt, indem in ver=
schiedenen Artikeln die Nothwendigkeit
derselben erörtert, sowie nachgewiesen
wurde, daß die Trennung weder durch
prinzipielle noch materielle Gründe ent=
standen sei und noch bestehe und daß nur
persönliche und selbstsüchtige Motive und
Formreiterei den Bruch veranlaßten und
seine Heilung bis jetzt unmöglich mach=
ten.   In einem Circular vom 5. April
1859 an sämmtliche Turnvereine der
Ver. Staaten wird der Vorschlag einer
gemeinsamen Tagsatzung wiederholt, und
die Dringlichkeit der Versöhnung und
Beseitigung der obwaltenden Differenzen
durch folgende Umstände begründet, de=
ren Existenz und vernichtender Einfluß
immmer mehr und mehr zu Tage trat.

In der Einleitung des Circulars heißt
es: „Die in zwei Bünde resultirende
Spaltung unter den Turnern ist bereits
von den unheilvollsten Folgen für das
Gedeihen und die Weiterentwicklung
der Turnerei in Amerika begleitet gewe=
sen und muß früher oder später deren
gänzlicher Ruin nach sich ziehen, weil

a. mit dem Verluste eines compakten,
einheitlichen Strebens die Turne=
rei an Interesse, Intensität, Kraft,
Ansehen und Einfluß einbüßte und
weil

b. durch das Hervorrufen einer gro=
ßen Zahl sogenannter unabhän=
giger Vereine, die Spaltung that=
sächlich, nicht allein eine dreitheilige
geworden, sondern zu befürchten
steht, daß diese großartige deutsche
Schöpfung entweder in gymnastische
Spielereien zersplittert, oder wenn
auch fernerhin als Ganzes gedacht,
jeder denkbaren Spekulation mit
derselben Thür und Thor geöffnet
werden muß.

Den Vorschlägen des Washingtoner
Vororts wurde von Seiten der Turn=
zeitung keinerlei Unterstützung zu Theil,
sie fanden jedoch im Schooße des Vororts=
vereins in Dubuque eine Berücksichti=
gung, auf welche hin ein Verständniß
angebahnt werden konnte. Dem Vor=
ort selbst, in Dubuque, waren durch den
Beschluß der Tagsatzung in Detroit die
Hände gebunden; daß er nichts destowe=
niger das Verzehen des Dubuque Ver=
eins unterstützte, ja vielleicht selbst ver=
anlaßte, beweisen seine späteren Schritte,
die er in dieser Angelegenheit, nachdem
sein erstes Mißtrauen, mit welchem er die
Schritte des Washingtoner Vororts be=
trachtet hatte, geschwunden war, that.

Die Erwiderung des Dubuquer Ver=
eins auf das Washingtoner Circular
verlangte Fallenlassen aller Erörterungen
über die Veranlassung des Bruches und
will nur die Zukunft in's Auge gefaßt
haben. Anstatt einer gemeinsamen Tag=
satzung wird der Vorschlag gemacht, bei
dem im August 1859 stattfindenden Bun=
desfeste in Baltimore, durch eine gemein=
schaftliche Commission die Grundbedin=
gungen der Wiederverschmelzung festzu=
stellen und den betreffenden Entwurf vor
die gleichzeitig abzuhaltenden Tagsatzun=
gen als ersten Berathungsgegenstand zu
bringen; fände der Entwurf auf jeder
Seite Annahme, so wäre thatsächlich der
Bruch schon geheilt, und die beiden Tag=
satzungen könnten dann entweder an ei=
nem dritten Ort zu gemeinschaftlichen
Verhandlungen zusammentreten, oder
durch eine Commission die anderweitigen
Geschäfte erledigen lassen. Der Vorort
selbst in Dubuque richtete unterm 1. Mai
1859 ein Schreiben direkt an den Vorort
in Washington, in welchem er sich bereit=
willig erklärte, neue Propositionen ent=

gegen zu nehmen, um sie den Bundesver=
einen behufs deren Vorbereitung für die
Tagsatzung in Chicago mitzutheilen.

Auf eigentliche Unterhandlungen durfte
sich der Vorort in Dubuque nicht einlas=
sen, da ihm dieses durch einen Beschluß
der letzten Tagsatzung benommen war;
doch auch schon dieser eine Schritt ge=
nügte, die beiden Vororte einander näher
und in freundschaftlichen Verkehr zu brin=
gen, und somit eine befriedigende Lösung
der Wirren herbeizuführen. In seiner
Erwiderung betonte der Vorort in Wash=
ington die vollständige Uebereinstimmung
der östlichen Turner mit dem Wortlaute
der Platform des Westens. In der Fi=
nanzfrage beharrt er auf der Forderung
des Ostens: Verschmelzung der beiderjei=
tigen Aktivas und Passivas, und erklärte
hinsichtlich des Bundes=Organs, daß ein
solches fortbestehen soll, „auf Kosten des
Bundes, wenn es sein muß."

Beide Vororte legten nun den Vereinen
ihres resp. Bundes diese neue Vorlage
vor, mit dem Bedeuten, ihrem Vororte
anzuzeigen, ob sie auf Grund dieser neuen
Vereinbarung eine Wiedervereinigung
für wünschenswerth halten. Der social=
demokr. Turnverein in Baltimore trat
gleich Anfangs auf Seite des Dubuquer
Vereins und Vororts, und beantragte die
Ernennung von drei Commissären von
jeder Seite, welche bei Gelegenheit des
Bundesfestes in Baltimore zusammentre=
ten und die näheren Bestimmungen ver=
einbaren sollten, welche durch die darauf=
folgenden Tagsatzungen zu ratifiziren
seien.

Fast sämmtliche Vereine des Ostens
erklärten sich mit den einleitenden Schrit=
ten ihres Vororts einverstanden und
drückten den Wunsch nach baldiger Lö=
sung der obschwebenden Differenzen aus.

Nur wenige Vereine machten Einwendun=
gen gegen die vom Washington Vorort
abgegebene Erklärung betreffs des Bun=
des=Organes, welche in der Frage des
Zeitungszwanges den seither vom Osten
behaupteten Standpunkt preisgab. Nur
der New Yorker Verein erklärte auf das
Entschiedenste, in kein anderes Verhält=
niß der Turnzeitung gegenüber treten zu
wollen, als das für ihn jetzt bestehende;
das hieß mit andern Worten, der Verein
schließt sich dem wiedervereinigten Bunde
nicht an, wenn der Zeitungszwang nicht
aufgehoben wird. Westlicherseits ant=
worteten auf das Verlangen des Vororts
nur 24 Vereine bis zu der gegebenen
Frist. 16 davon erklärten sich für die
Vereinigung auf Grund der neuen Vor=
lage und des Antrags von Baltimore; 8
dagegen, unter letzteren die Turngemeinde
von Cincinnati, welche gegen alle gesche=
henen Schritte seitens des Vororts in
Dubuque protestirte und gegen alle fer=
neren, welche nicht durchaus mit den Be=
schlüssen der Indianapolis Tagsatzung
in Einklang sich befinden, Verwahrung
einlegt.

Doch trotz dieses Protestes, gestützt auf
den kundgegebenen Wunsch anderer nicht
minder bedeutender Vereine, wie Balti=
more, St. Louis, Indianapolis, Dubuque
u. s. w., faßte der westliche Vorort fol=
genden Beschluß:

„Beschlossen: dem Washingtoner
Vorort und dem Baltimore Turnver=
ein anzuzeigen, daß wir nach bis jetzt
erhaltenen Mittheilungen unserer Bun=
desvereine glauben, sowohl nach dem
Willen als im Interesse des Bundes
zu handeln, wenn wir den Baltimore
Turnverein hiermit ersuchen, die
Commissäre, entweder aus seiner Mitt=
oder aus den bei'm allgemeinen Bun=

des=Turnfeste anwesenden Festgästen zu ernennen, damit solche So.ntag, ben 28. August, früh 8 Uhr, an einem weiter zu bestimmenden Plaße, in Baltimore mit einer Delegation des Washingtoner Bororts, an gleicher Zahl, zusammentreten, um auf Gewinnung einer vernünftigen, unserer Ehre und unseren Prinzipien, wie den allgemeinen Interessen der Turnerei, und somit auch unserer östlichen Brüder entsprechenden Grundlag: für Wiedervereinigung, behufs Vorlage bei der Chicagoer Tagsaßung zu verhandeln."

Sowohl der Borort in Washington, als der Verein in Baltimore kamen dem Wunsche des Bororts in Dubuque nach und ernannten Bevollmächtigte, welche bei Gelegenheit des Bundes=Festes in Baltimore zusammentraten und eine Vereinbarung schufen, welche die Grundlage bildete, auf welcher die Chicagoer Tagsaßung das Einigungswerk basirte.

Die Bundesfeste in diesem Jahre wurden beide in üblicher Weise, das östliche in Williamsburg vom 20. bis 23. August, und das des westlichen Bundes in Baltimore, vom 27. bis 30. August abgehalten. Bei beiden Festen machte sich schon in recht erfreulicher Weise, durch die Aussicht auf die nahe bevorstehende Wiedervereinigung, eine gehobene Stimmung geltend, und in dem gegenseitigen freundschaftlichen Entgegenkommen verschwand alles bittere Gefühl und aller Groll. Fallenlassen allen Haders war der ausgesprochene Wunsch aller Festtheilnehmer.

Erste Bundespreise erhielten in Williamsburg für die beste Abhandlung über das Thema: „Der Einfluß der modernen Naturwissenschaften auf die physische und geistige Entwicklung des Menschen" Zöller aus Morrisana.

Für Turnen: Adolph Heintz, New York.

Für Fechten: Georg Heintz, New York.

Für Deklamiren: Jacob Heintz, New York.

Für Hoch- und Weitsprung: Herman Benele, New=York.

In Baltimore:

Für Turnen: Conrad Presson, Baltimore.

Für Deklamiren: Dietrich, Baltimore.

Für Fechten: Schabe, Baltimore.

Für Schießen: Krause, Washington.

Mit Spannung sah man den Verhandlungen der Tagsaßung in Chicago entgegen; sie sollte die endliche Lösung der seit drei Jahren im Bunde bestehenden Wirren herbeiführen. Dieselbe fand vom 5. bis 9. September unter dem Vorsiße von David Huth und J. B. Stieboldt statt; als Sekretäre fungirten Fr. Haupt, A. Finkelnburg und Eugen Gerstenhauer. Vertreten waren 52 Vereine mit 86 Bundesstimmen durch 39 Delegaten. Außerdem trat noch der östliche Bund durch P. M. Peterson und der Milwaukee Turnverein durch W. Frankfurth und Hans Böbel vertreten. Leßteren drei Delegaten wurde in der Wiedervereinigungsfrage Siß und berathende Stimme eingeräumt.

Als erstes Geschäft wurde das Versöhnungswerk durch die Wahl eines Committee's von Fünfen, welchen die Baltimorer Vereinbarung zur Begutachtung übergeben wurde, in Angriff genommen. Diesem Committe, bestehend aus H. Bührle, Hugo Gollmer, G. Tafel, J. Rosenzweig und J. Müller wurden noch mit berathender Stimme das Mitglied des Dubuquer Bororts, Hillgärtner, der Vertreter des Ostbundes, Peterson und die Delegaten des Milwaukee Turnvereins beigegeben. Dasselbe berichtete folgende Vorlage:

„Bericht des Wieder=Vereinigungs= Committee's.

Das unterzeichnete Committee empfiehlt die nachfolgenden, in der Hauptsache auf der vorberathenden Versammlung zu Baltimore festgestellten Punkte als Grundlage für die Wiedervereinigung der beiden Turnerbünde:

Zur Prinzipienfrage 1) die Fassung des zweiten Abschnittes der Einleitung zu den Bundessatzungen dahin zu ändern, daß sie für die Zukunft also lautet:

„Der Turnerbund soll eine Pflanzschule aller jener revolutionären Ideen sein, welche aus einer naturgemäßen und dadurch vernünftigen Weltanschauung hervorgehen, und die Turner bekämpfen daher S k l a v e r e i und N a t i v i s m u s (als zwei der gleich trüben Quelle entsprungene sociale und politische Uebel), wie überhaupt alle Rechtsverkürzungen, welche sich mit wahrhaft humanen Grundsätzen nicht vereinigen lassen."

Zur Geldfrage 2). Da die Vertreter des östlichen Bundes den Nachweis lieferten, daß die Mehrzahl der ausgeschiedenen Vereine ihre rückständigen Bundesschulden, wie sie in den Büchern des westlichen Bundes figuriren, an dem Vorort des Ostbundes bezahlten, wird es als billig erachtet, von einer nochmaligen Forderung abzustehen und Aktiva und Passiva der beiden Turnerbünde zusammen zu werfen.

3) Den Zeitungszwang betreffend, wurde von beiden Seiten übereinstimmend anerkannt, daß der Turnerbund ein Organ besitzen und erhalten müsse,

und daß dazu sogar die gegenwärtige Turnzeitung weder dem Inhalte noch der Form genüge, und daher eine Mehrgarantie von den beiden Tagsatzungen auf eine oder die andere Weise zu leisten sein dürfte. In Anbetracht der gegenwärtigen Sachlage zwischen Osten und Westen aber, wie des Umstandes, daß selbst manche Vereine des Westbundes eine Erleichterung wünschen, schlägt das Committee vor, so lange es nicht möglich sein sollte, vermittelst Durchführung eines Systems bezahlter Agenten und größere Verbreitung derselben außerhalb der Vereine, sie auf eine neue Basis zu stellen, die Turnzeitung, wie dringend deren Vergrößerung auch wünschbar, vorläufig noch so fortbestehen zu lassen, wie sie jetzt ist, den Stoffinhalt jedoch zu verbessern, und reichhaltiger zu machen, wie alle und jede persönliche Polemik zu vermeiden und den Preis derselben auf 2 Cents per Nummer festzustellen, mit der Hinzufügung, daß jeder Verein b i s a u f W e i t e r e s so viele Exemplare nehmen muß, als er Mitglieder zählt, indem auf diese Weise sowohl die Existenz des Bundes gesichert als eine Erleichterung für die Mitglieder bezweckt wird.

Diese Vorlage wurde mit einem Zusatze zu No. 2, folgendermaßen lautend:

„Vorausgesetzt, daß die Einzahlung der $150 Ausstände des Ostbundes in die gemeinsame Bundeskasse garantirt wird," einstimmig angenommen.

Peterson erklärte nun das Werk der Wiedervereinigung für vollendet, da ihm Alles bewilligt wurde, was er für den Ostbund glaubte fordern zu dürfen; auch die Delegaten des Milwaukee-Vereins stellten den Wiedereintritt ihres Vereins in den Bund in wenig Tagen in Aussicht, und unter allgemeinem Jubel und

Enthusiasmus wurde von den Delegaten auf das Gelingen der Wiedervereinigung ein dreifaches donnerndes „Gut Heil!" ausgebracht.

Doch leider war der Jubel noch zu früh und das letzte Hinderniß war noch nicht besiegt.

Die in Poughkeepsie zu derselben Zeit versammelte Tagsatzung des östlichen Bundes nahm die in Baltimore ge= troffene Vereinbarung unver= ändert an, welche in Bezug auf die Zei= tung den Ansichten des Ostens näher kam, indem anstatt eines Zeitungszwanges, es den Vereinen nur zu einer Art Ehren= pflicht gemacht wurde, für die Verbreitung des Organs bis zum Belaufe von 5000 Exemplaren, durch Vereinsbeamte Sorge zu tragen, und wies das Compromiß der Chicago Tagsatzung, welches ihr telegra= phisch berichtet wurde, von der Hand, Peterson zugleich anweisend, noch einmal den Versuch zu machen, eine Abonne= mentszeitung durchzusetzen. Da weder auf der einen, noch auf der andern Seite ein Nachgeben mittelst telegraphischer Correspondenz zu erzielen war, so mußte man, so nahe am Ziel, das Werk doch wiederum unvollendet lassen. Um Nichts zu unterlassen, was die Wiedervereini= gung förderlich sein konnte, wurde west= licherseits noch beschlossen, daß die ange= nommenen Propositionen 3 Monate lang offen bleiben sollten, und daß bei inzwi= schen stattfindender Annahme und Aner= kennung von Vorort und Redaction der Zeitung Seitens des Ostens die Vereini= gung als vollzogen zu betrachten sei und weiter, auf Antrag von Jacobi, die Ab= fassung eines im versöhnlichen Tone ge= haltenen Manifestes, in welchem die Ver= handlungen in der Wiedervereinigungs= frage auf den Tagsatzungen in Chicago

und Poughkeepsie dargelegt werden sollen.

Die Hartnäckigkeit des Ostens in Bezug auf den Zeitungszwang gründete sich auf die Ansicht, daß durch ihn der Bund und die einzelnen Vereine in eine große und fortwährend sich vermehrende Schulden= last gestürzt und dadurch an den Rand des Verderbens gebracht wurden.

Diese Ansicht hatte ihre vollkommene Berechtigung; denn alle seit Jahren ge= planten und beschlossenen Unternehmun= gen, welche eine wirkliche Hebung des Turnwesens erzielten, wie die Anstellung eines Bundesturnlehrers, die Gründung von Vorturnerschulen, die Einführung von wissenschaftlichen Vorlesungen und Hebung des Schulwesens in den Vereinen scheiterten an dem Mangel von Mitteln, und blieben papierne Beschlüsse, oder konnten, wenn wirklich unternommen, nur sehr unvollkommen in's Werk gesetzt werden.

Nichtsdestoweniger hatte der Osten kein Recht, nachdem der Westen in den eigent= lichen Streitfragen ihm hatte Gerechtig= keit widerfahren lassen, aus diesem Grunde allein die Wiedervereinigung zurückzu= weisen, da erstens diese Frage, wie schon nachgewiesen wurde, kein Grund der Trennung war, und voraussichtlich eine allgemeine Tagsatzung den anstößigen Zwang beseitigt haben würde. Der von Peterson eingenommene Standpunkt war vollkommen berechtigt, umsomehr, da der Preis der Zeitung auf 2 Cents herabge= setzt wurde, also auch in dieser Frage der Westen eine Concession gemacht hatte. Petersons Ansicht fand auch bei den mei= sten Vereinen des Ostens kurze Zeit her= nach Eingang.

Die weiteren Verhandlungen der bei= den Tagsatzungen waren nur von unter=

geordnetem Interesse. In Poughkeepsie drehten sie sich beinah ausschließlich nur um die Wiedervereinigung. 19 Vereine mit 30 Bundesstimmen waren dort vertreten; Reinken von Washington und Hermann von Bloomingdale führten den Vorsitz, als Schriftführer fungirten Leinnig und Zöller. Der Vorort wurde auf ein weiteres Jahr nach Washington verlegt.

Aus dem Bericht des Vororts in Dubuque erhellt, daß der westliche Bund aus 71 Vereinen bestand, mit 4500 Mitgliedern, also wieder um etwas zugenommen hatte. Der Vorort stand mit 61 Vereinen, und circa 3000 Mitgliedern, die nicht zum Bunde gehörten, inVerbindung. Erfreulich ist die Zunahme der Zöglingsschulen, die jetzt bereits dieZahl 33 erreicht hatte, mit circa tausend Schülern.

Bezüglich des Preisturnens wurde die Verfügung getroffen, daß jeder Theilnehmer sowohl an den Geräthen, Reck, Barren, Ringe und Pferd im Hochsprung und Klettern, als auch im Ringen,Steinstoßen und Stemmen, Wettlaufen mit und ohne Hindernissen und Gerwerfen eine genügende Ausbildung bewähren muß, um Berücksichtigung zu finden, und daß ferner dem Turner, welchem ein Preis zuerkannt, dem Verein, dem er angehört jedoch, der Preis, bestehend in literarischen Arbeiten, zuertheilt wird.

Um eine feste Organisation populär wissenschaftlicher Vorlesungen in den Bundes-Vereinen zu erzielen, wurde jedes Bundesmitglied mit einemExtra-Jahresbeitrag von 25 Cents besteuert, und sollten die Vereine, vom Vororte in Kreise eingetheilt werden, mit einer größern Stadt als Mittelpunkt, um die Vorlesungen wirksamer zu machen und systematisch zu organisiren.

Dieser Beschluß konnte jedoch nur in sehr unvollkommener Weise zur Ausführung gebracht werden wegen bereits in Erwähnung gebrachten Ursachen; ebenso mußte ein weiterer Beschluß, die festeAnstellung eines von Deutschland zu beschaffenden Bundesturnlehrers mit dem Minimumgehalt von $600, vom Vororte unberücksichtigt gelassen werden.

Da Dubuque ablehnte, weiter als Vorort zu fungiren, so wurde Baltimore erwählt. Die Tagsatzung wurde nach Rochester und das Bundesfest nach St. Louis verlegt.

Die Redaction der Zeitung blieb in den Händen Rothackers, doch war es ihm nur noch für die Dauer des Aufenthalts der Zeitung inDubuque vergönnt, seinen Pflichten als Redacteur nachzukommen. Den Keim einer tödtlichen Krankheit schon in derBrust tragend, bei der Uebernahme der Redaction (1858), war sein Zustand bei seiner Abreise von Dubuque nach Baltimore schon so zu sagen ein hoffnungsloser. In Cincinnati streckte ihn die Krankheit darnieder. Er starb am 25. November als einer der fähigsten Journalisten und Anhänger und Freund der Turnerei, geachtet und betrauert von Freund und Gegner.

In etwas verkleinertem Format erschien die Turnzeitung vom 18. October 1859 an in Baltimore, in Folge der Krankheit und des Todes Rothackers unter der Redaction von Wm. Rapp und Dr. Wiß. Folgende Mitglieder des social-demokratischen Turnvereins bildeten den Vorort:

C. H. Bührle, 1. Vorsitzer,
Johann Jung, 2.   =
Krebs, 1. protok. Schriftführer.
Fr. Müller, 2. protok. Schriftführer.
J. Straubenmüller, cor.   =
Gg. Dietz, Schatzmeister.
Carl Schulz, Expeditor.
Wiesner }
Petry   } Turnräthe.

Das wirklich im versöhnenden Tone gehaltene Manifest der Chicago Tagsatzung, sowie der Bericht Petersons verfehlten ihre Wirkung nicht. Die östlichen Vereine wünschten ebenfalls unter allen Umständen eine Vereinigung und waren schließlich ihrerseits auch zu einem Opfer bereit. Der Washingtoner Turnverein lehnte die ihm auf's Neue übertragene Vorortschaft ab mit der Erklärung, den noch fortbestehenden Zeitungszwang nicht als Stein des Anstoßes betrachten zu wollen und rieth zur Wiedervereinigung auf Grund der Chicago Beschlüsse. Der Williamsburger Turnverein, von gleichem Gefühle beseelt, schlug die Abhaltung einer Extratagsatzung am 13. Nov. 1859 in Williamsburg vor, um eine endliche Verständigung zu erzielen. In Uebereinstimmung mit diesem Vorschlage berief der Vorort auf genannten Tag eine Extra-Tagsatzung, und dieser Versammlung nun endlich war es vorbehalten, den letzten Schritt zur gänzlichen Versöhnung zu thun.

11 Vereine waren bei dieser Extratagsatzung, welche unter dem Vorsitze des Sprechers des Williamsburger Turnvereins stattfand, vertreten. Fauerbach von New York fungirte als Sekretär. Der einzig noch zu erledigende Punkt war die Zeitungsfrage. Die Vereine von New York und Morrisania weigerten sich entschieden, dem Bunde ohne Aufhebung des Zeitungszwanges beizutreten, die übrigen 9 Vereine jedoch beschlossen, der guten Sache ein Opfer zu bringen, da die Aufhebung des Zwanges doch nur eine Frage der Zeit sei. Die Annahme der Chicago Beschlüsse wurde demnach beschlossen und somit das letzte Hinderniß hinweggenommen, was die Turner des Ostens und Westens noch trennte. Die Wiedervereinigung war geschaffen, eine wirkliche Einigung jedoch nicht. Der Nichtanschluß New-Yorks an den wiedervereinigten Bund hielt auch eine große Anzahl anderer Vereine ab, sich anzuschließen. So sehr New York prinzipiell in seinem Rechte war, den Zeitungszwang als verderblich für die Turnerei im Allgemeinen und dem Turnerbunde im Besonderen zu betrachten, so wäre es unter den obwaltenden Umständen doch seine Pflicht gewesen, dem allgemeinen Drang nach Einigkeit ein Opfer zu bringen, zumal gegründete Aussicht vorhanden war, daß es dem Einflusse New York's, in Verbindung mit den gleichgesinnten Vereinen, bei der nächsten Tagsatzung gelingen würde, den wie ein Bleigewicht an dem Bunde hängenden Beschluß umzustoßen. So wie die Vereinigung wirklich zu Stande kam, konnte sie nicht befriedigen, und der versprochene neue Aufschwung blieb aus. Zu gleicher Zeit auch traten neue Erscheinungen auf der politischen Bühne auf; Erscheinungen, deren gewaltige Wirkungen die Vorkommnisse im turnerischen Leben bald in den Hintergrund drängten und vielen Vereinen sogar die mühsam errungene Existenz auf Jahre hinaus wieder vernichtete.

————

XI.

Die Turnvereine Californiens, die bis zu der Chicago Tagsatzung größtentheils dem Socialistischen Turnerbunde angehörten, faßten bei Gelegenheit eines allgemeinen Turnfestes in Sacramento am 8. und 9. October 1859 den Beschluß, unter dem Namen „Pacific Turnerbund" eine besondere Verbindung, unabhängig vom alten Bunde, herzustellen, jedoch, wie ausdrücklich hervorgehoben wurde, nur aus Gründen der Zweckmäßigkeit, da prinzipielle Differenzen zwischen den Turnern Californiens und dem Turnerbunde durchaus nicht bestanden.

Die Turnvereine von San Francisco, Sacramento, Stockton und Marysville schlossen sich diesem Bunde an, dessen provisorische Leitung der Sacramento Turnverein erhielt. Am 17. Oktober wurde bereits die erste Bundesversammlung in Stockton unter dem Vorsitze von C. Weil abgehalten; als Sekretär fungirte C. Wolleb und Platform und Statuten endgiltig angenommen, nach welchen der „Pacific Turnerbund" es als seine Aufgabe betrachtete, die freiheitlichen Ideen, welche aus einer vernünftigen und naturgemäßen Weltanschauung hervorgehn, zu unterstützen und zu verbreiten, die angebornen Menschenrechte zu wahren und alle Entziehungen derselben, auf welche Art sie sich zeigen, zu bekämpfen. In Bezug seiner Stellung zur amerikanischen Politik erklärte er sich für die Platform der republikanischen Parthei.

Vom 7. bis 10. November 1860 wurde in Stockton das erste Bundesfest des Pacific Turnerbundes gefeiert, bei welchem die Turner Marsch und Kloos erste Preise erhielten, ersterer im Turnen, letzterer im Schießen. Bei der nach dem Feste stattfindenden Delegaten-Sitzung wurde Stockton als Vorort erwählt und San Francisco zur Abhaltung des nächsten Bundesfestes bestimmt.

Das Bundesfest des Socialistischen Turnerbundes, welches vom 30. Juni bis 5. Juli 1860 in St. Louis abgehalten wurde, verlief in ähnlicher Weise, wie seine Vorgänger; doch lastete auf ihm nicht nur der Druck der schweren Zeiten, auch der Druck kommender schwerer Ereignisse machte sich schon fühlbar. Die Betheiligung Seitens der auswärtigen Turner war deshalb auch nicht so zahlreich, als sie unter bessern Verhältnissen sicher geworden wäre.

Hillgärtner von Dubuque hielt die Festrede. Bundespreise erhielten: für literarische Arbeiten: Theodor Hilscher von Indianapolis, für die beste Bearbeitung der Frage:

„Ist die Union in Gefahr, und welche Folge hätte die Auflösung der Union in politischer und ökonomischer Hinsicht?"

und Dr. Adolph Douai von Boston für seine Abhandlung über das Thema:

„Ist eine Vereinbarung zwischen Kapital und Arbeit durch praktische Institutionen möglich?"

Im Turnen: Ad. Luthy, Cincinnati.
Jul. Friton, St. Louis.
Fr. Medart,   „
Borkrath,   „
Rothenberger, Burlington.

Im Fechten: H. Bischoff, St. Louis.

Im Büchsenschießen: Rheintanz, Cincinnati.

Im Pistolenschießen: Kleinstang, Cincinnati.

Im Schwimmen: Carl Fernau, Belleville.

Im Dellamiren: Frey, Cincinnati.

Im Gesang: die Gesangs-Sektion des St. Louis Turnvereins.

Technische Arbeiten: Fr. Bertsch, Cincinnati und H. Gollmer, St. Louis.

Dieses Fest war das letzte, welches der alte Bund abhielt; die Ereignisse der nächsten Jahre verboten nicht nur die Abhaltung größerer Festlichkeiten, sondern stellte sogar die Existenz des ganzen Turnerbundes in Frage, ja brachten ihn an den Rand der Auflösung; auch die Tagsatzung, welche in Rochester vom 30. Juli bis 2. August stattfand, war vorderhand die letzte, und ahnten die Delegaten gewiß nicht, daß die schon in der Ferne vernehmbaren politischen Stürme, die binnen Jahresfrist mit furchtbarer Gewalt über das Land braußten, neben vielen andern Opfern auch den Turnerbund als Opfer verlangen würden.

Nur 36 Vereine mit 71 Bundesstimmen waren bei der Tagsatzung in Rochester vertreten durch 25 Delegaten. Der augenscheinlichste Beweis, daß die Wiedervereinigung nicht die gehofften Resultate mit sich gebracht hatte, und daß trotz aller Bemühungen und Anstrengungen der Bund an einem Grundübel litt, ohne dessen radikale Beseitigung an einen wirklichen Fortschritt nicht gedacht werden konnte. Dieses Grundübel waren die finanziellen Schwierigkeiten, welche durch das Bundesorgan und seinen Zwangscours entstanden und von Jahr zu Jahr immer größere Verhältnisse angenommen hatten.

Nach dem der Tagsatzung unterbreiteten Berichte des Vororts bestand der Bund aus 73 Vereinen mit 4,080 Mitgliedern. Durch die Wiedervereinigung mit dem Ostbunde hoffte man circa 20 Vereine mit ungefähr 1000 Mitgliedern zu gewinnen, thatsächlich schloßen sich jedoch der Zeitungsfrage wegen nur 11 Vereine an, und da in Folge dieses Ausfalles, zumal die Vereine von New York und Philadelphia die Vereinigung nicht mit vollzogen hatten, der Preis der Zeitung nicht auf 2 Cents reduzirt werden konnte, so traten nach kurzer Zeit 11 Vereine wieder aus dem Bunde aus. Mit 65 nicht zum Bunde gehörenden Vereinen stand der Vorort in Verbindung, da ohne Zweifel die große Mehrheit dieser Vereine sich nur des Zeitungszwanges wegen vom Bunde fern hielt, in der Prinzipienfrage jedoch mit ihm einig war, so kann man sich selbst jetzt nicht des Gefühls des tiefsten Vedauerns erwehren, daß consequent eine Maßregel beibehalten wurde, die nicht nur den Bund thatsächlich auseinander hielt, sondern ihn auch aller Mittel beraubte, seiner Aufgabe in mehr als der aller bescheidensten Weise nachzukommen.

Der Finanzbericht des Vororts war nicht minder bedenklich, als der über die übrigen Bundesverhältnisse. Das Bundesvermögen hatte sich um über 500 Dollars vermindert, die Schulden sich nahezu wieder zu der Höhe von 1500 Dollars vermehrt; dabei betrugen die Ausstände circa 4,400 Dollars, und außerdem figurirten in den Büchern noch Ausstände, im Betrage von 2,227 Doll. auf deren Eintreibung man schon verzichtet hatte, die also ebenfalls als ein Verlust für den Bund zu betrachten waren. Wahrlich, wenn man von jenen trostlosen Finanzzuständen auf die Geschäftsverwaltung sieht, die seit der Neubegründung des Turnerbundes in's Leben gerufen wurde, so ist man versucht, den durch die politischen Verhältnisse des Landes veranlaßten Verfall des alten Bundes als ein nicht zu schweres Un-

glück anzusehen, da man ja doch, wie die
Tagsatzung in Rochester auf's Neue be=
wies, sich immer noch nicht dazu ver=
stehen wollte, mit dem alten System zu
brechen und den Bund ohne ein eigenes
Organ sich gar nicht denken wollte oder
konnte.

Die einzige Concession die die Tag=
satzung in der Zeitungsfrage machte,
bestand darin, daß die Zeitung fortan
in halber Größe als seither fortbestehn
soll, und der Preis von 3 auf 2 Cents
herabgesetzt werde. Das obligatorische
Halten der Zeitung Seitens der Mitglie=
der wurde beibehalten. In Folge dieses
Beschlusses erklärten die Delegaten des
Williamsburger Turnvereins nun eben=
falls den Austritt ihres Vereins, weil sie
der Ueberzeugung waren und erklärten,
daß bei dem finanziellen Standpunkt des
Bundes und der Bundesvereine es für
die Dauer nicht möglich sei, die Zeitung
aufrecht zu erhalten, indem dadurch den
Vereinen der unentbehrliche Lebensnerv
— das Geld — entzogen werde und die
Rückstände und Schulden sich in solchem
Grade anhäufen, daß unter deren Last
die Vereine vollständig erdrückt werden."
Der Williamsburger Turnverein der
jährlich über 300 Dollars allein für die
Zeitung an den Bund zu entrichten hatte,
glaubte mit dieser Summe Ersprießliche=
res für die Turnerei leisten zu können,
als die Turnzeitung in ihrer jetzigen
Gestalt zu leisten vermöge.

Da in früheren Jahren weder die Er=
richtung von Turnerschulen, noch die
Anstellung eines Bundesturnlehrers ge=
lingen wollte, der sehr mißliche Stand
des Turnbetriebs jedoch entschieden ver=
langte, daß irgend ein Mittel zur Hebung
desselben angewandt würde, so beschloß
die Tagsatzung, auf den Vorschlag des

Vororts, die Gründung eines Turnleh=
rer=Seminars unter der Leitung eines
theoretisch und praktisch gebildeten Turn=
lehrers. Die Unkosten sollten durch einen
Extrabeitrag von 1 Cent per Woche von
jedem Bundesmitgliede gedeckt werden,
was bei der damaligen Stärke des Bun=
des ungefähr $2,000 ergeben haben
würde.

Dieser Beschluß war jedenfalls vom
besten Geiste diktirt und wäre unter gün=
stigeren Umständen ein Segen für den
Bund geworden; unter den damaligen
Zuständen jedoch blieb es aber nur ein
Beschluß wie ähnliche vordem, da die
Vereine kaum ihre Bundesbeiträge ent=
richteten und diese neue Auflage wohl
ebenso wie die Zeitungsgelder nach Jah=
resfrist die Schulden der Vereine wohl
um ein Bedeutendes erhöht, dem Bunde
jedoch nicht im geringsten geholfen haben
würde.

Die Seitens der Vereine dem Bunde
zu entrichtende Steuer belief sich Alles
in Allem genommen, folgendermaßen:
Es hatte jeder Verein zu zahlen: a) Bei
seinem Eintritt $3.00 für jede Bundes=
stimme und dieselbe Summe für jede
weiter zu erlangende Stimme. b) Ei=
nen vierteljährigen Beitrag von
$1.50 für jede Stimme. (50 Mitglie=
der oder eine Majorität derselben hatten
eine Stimme.) c) Die Gelder für die
Turnzeitung, welche monatlich zu ent=
richten waren und d) die Eincent=
Summe für jedes Mitglied per Woche
für das Lehrer·Seminar, die damali=
gen Verhälinisse und den Werth des
Geldes in Betracht gezogen, jedenfalls
eine ungleich höhere Besteuerung als
gegenwärtig wie folgende Zusammen=
stellung beweißt: Ein Verein von 76
Mitgliedern, also 2 Stimmen, hatte z. B.

ein Eintrittsgeld von $6 zu entrichten und an Beiträgen jährlich $24, an Zeitungsgeldern $79.4 und an Seminarsteuern $39.52 zusammen, ohne Eintrittsgeld die Summe von $142.56 und dieses bei dem herabgesetzten Preis der Zeitung.

Die politische Stellung des Bundes wurde im folgenden Beschlusse niedergelegt:

„Die hier versammelten Delegaten der Vereine des Nordamerikanischen Turnerbundes empfehlen, den Turnern bei der bevorstehenden Präsidentenwahl ihre Stimme für den Candidaten derjenigen Parthei, welche Sclaverei und Nativismus bekämpft für ein wahrhaft liberales, unbeschränktes Heimstättegesetz in die Schranken tritt und somit unseren in der Bundesplatform niedergelegten Prinzipien am nächsten steht, in die Wahlurne zu legen.“

Auffallend ist, daß in übrigen und späteren Erlassen, der Bund „Nordamerikanischer Turnerbund“ genannt wird, während am Kopfe der Turnzeitung immer noch, selbst im Jahre 1861 der Name „Socialistischer Turnerbund“ steht. Eine Aufklärung dieses Zwiespaltes findet sich in dem Protokolle der Tagsatzung nicht.

In Bezug auf Tagsatzung und Turnfeste wurde beschlossen, daß dieselben nun alle 2 Jahre und zwar abwechselnd stattfinden sollen.

Baltimore erhielt abermals den Vorort, Cincinnati das Bundesfest und Washington die Tagsatzung. Dr. Wiesner wurde als Redakteur der Turnzeitung erwählt.

Unter außerordentlich mißlichen Verhältnissen trat der neue Vorort sein Amt an; nicht nur daß die bedenklichen Zustände der meisten Vereine des Bundes eine wenig erfreuliche Aussicht auf ein segensreiches Wirken des Vororts darboten, auch die nichts weniger als günstigen Geschäftsverhältnisse, ließen für die Turnerei wieder das Schlimmste befürchten, da ja gerade der bessere Arbeiterstand, aus welchem sich die Turnvereine am meisten rekrutiren, von den schlimmen Folgen einer Geschäftskrisis am härtesten betroffen wird. Schlimmer jedoch als alles dieses, waren die politischen Aussichten; man ahnte bereits, daß das Land seiner verhängnißvollsten Periode entgegen eilte, und daß die in diesem Jahre stattfindende Präsidentenwahl einen Wendepunkt in der Geschichte der Republik bilden würde.

Der neue Vorort bestand aus folgenden Mitgliedern:

Johan Jung, 1ster Sprecher.

F. Petry, 2ter Sprecher.

Karl Schulz, 1ster protokol. Schriftführer.

Kaspar Bub, 2ter protokol. Schriftführer.

Emil Heydenreich, corresp. Schriftführer.

George Dietz, Schatzmeister.

Konrad Wiesne, Hofmeister, } Turnräthe.

Der Vorort, sich der Schwierigkeit seiner Aufgabe wohl bewußt, erließ am 16. Oktober 1860 einen Aufruf an die Turnvereine, in welchem er sie bringend ermahnte, ihren Pflichten nach allen Seiten auf das Gewissenhafteste nachzukommen, und schließlich den Turnern empfiehlt, bei der bevorstehenden Wahl nur für die republikanische Platform in die Schranken zu treten. Ein weiterer Aufruf folgte in der Turnzeitung vom 23. Okt., in welchem die Wahl Lincoln's und

Hamlin's auf das Wärmste befürwortet wurde.

Die Turner in- und außerhalb des Bundes kämpften wacker in den Reihen der republikanischen Parthei, und in dieser Beziehung wenigstens thaten sie ihre Pflicht vollkommen. Selbst die dem Bunde angehörenden Vereine in den Sklavenstaaten schreckten vor der sie bedrohenden Gefahr nicht zurück und halfen durch Wort und Schrift den republikanischen Candidaten zum Siege.

Lincoln wurde erwählt, und mit unermeßlichem Jubel wurde dieses glorreiche Ereigniß von allen Freunden der Freiheit begrüßt. Doch in den Jubel klangen mißtönend die Nachrichten aus den Südstaaten, die Vorboten der Rebellion. Noch ahnte zwar Niemand den Umfang und Größe des bevorstehenden Kampfes; dachten nur Wenige an den Ausbruch eines Bürgerkrieges. Nichtsdestoweniger blickte Jedermann mit Bangen in die Zukunft, und vor den Ereignissen, die ihre Schatten bereits so düster vorauswarfen, traten alle persönlichen und Sonderinteressen und Bestrebungen in den Hintergrund. Auch die der Turner. Bot sich ihnen doch bald ein ganz anderes Feld der Thätigkeit, ein Feld, auf welchem sie zeigen konnten, daß ihre Uebungen kein leeres Spiel waren, und daß ihre Prinzipien Stand hielten in der Stunde der Prüfung und der Gefahr.

Um dem immer mehr und mehr drohenden Verfall des Turnerbundes Einhalt zu thun, erließ der Vorort am 12. Dezember 1860 abermals ein Rundschreiben an die Bundesvereine, in welchem der Zustand des Bundes und seine kläglichen Finanzverhältnisse in den grellsten Farben, doch wahrheitsgetreu, geschildert wurden. Es war bereits so weit gekommen, daß weder der Redakteur noch der Drucker der Zeitung, und ebensowenig die übrigen Creditoren des Bundes bezahlt werden konnten, und daß die Zeitung nur von Woche zu Woche durch die Garantieleistung des Baltimore Turnvereins erhalten werden konnte.

Die Turnzeitung, welche seit dem neuen Geschäftsjahre, im Verhältnisse zur früheren Größe, in sehr verkleinertem Format erschien, und in Bezug auf ihr Aeußeres, nach so vielen Veränderungen und „Verbesserungen", nach 10=jährigem Bestehen wieder zu dem alten Format von 1851 angelangt war, zeichnete sich in ihren letzten Jahrgängen in Bezug auf ihre Haltung sehr vortheilhaft vor den früheren Jahrgängen aus. Der Aufruf des Vororts hatte wenigstens in sofern Erfolg, daß die Zeitung, wenn auch mühsam genug, doch immer von Woche zu Woche über Wasser gehalten werden konnte. Wie lange dieses dem Vorort noch möglich gewesen wäre, möge dahingestellt bleiben; ein unerwartetes Ende, rühmlicher, als ein langsames Dahinsiechen, fand die Zeitung in den traurigen Vorgängen in Baltimore, Mitte April 1861.

Die politischen Ereignisse drängten sich Schlag auf Schlag. Dem Beispiele Süd=Carolina's folgend, erklärten eine Anzahl anderer Südstaaten ihren Austritt aus der Union und gründeten die „Conföderirten Staaten". Es erfolgte die Beschießung des Fort Sumpter und die Proklamation Lincoln's, der die Miliz zur Unterdrückung der Rebellion zu den Waffen rief. (15. April 1861.) Die Conföderation sammelte Truppen in Virginien und bedrohte die Bundeshauptstadt Washington. Dies schien den nördlichen Rebellen die günstigste

Gelegenheit zum Losschlagen, und in Baltimore, selbst einem Sklaven-Staate angehörend, sozusagen vor den Thoren der Bundeshauptstadt und an der Grenze Virginien's gelegen, entwickelte sich ein Aufruhr von bedenklichen Dimensionen. Während des Aufruhrs (am 19. April) ging dem Turnverein die Aufforderung zu, am nächsten Tage die Staatsflagge auf der Turnhalle aufzuziehen. (Die Staatsflagge wurde, als Gegensatz zur Unionsflagge, als gleichbedeutend mit der Rebellionsflagge betrachtet.) Dieser Aufforderung war das Versprechen beigefügt, in diesem Falle die Turnhalle schonen zu wollen. Die Antwort lautete prompt, daß die Turner ihre Halle eher mit Pulver in die Luft sprengen, ehe sie sie auf solche Weise entweihen würden. Am 20. April Abend wurde die Turnhalle von einem Pöbelhaufen, unter der Anführung eines Deutschen, gewaltsam erbrochen, der Inhalt auf die Straße geworfen und alles bewegliche Eigenthum zerstört. Die meisten Mitglieder sahen sich, in Folge von Drohbriefen, genöthigt, die Stadt zu verlassen, und viele von diesen schlossen sich der in Organisation begriffenen Unions-Armee an. Ein gleiches Schicksal wie der Turnhalle, widerfuhr der Office der Turnzeitung, die ebenfalls demolirt wurde; ebenso erging es der Office des „Baltimore Wecker," (22. April), in welcher die Turnzeitung gedruckt wurde. Die Redakteure beider Zeitungen, Dr. Wiesner und Wilhelm Rapp, sahen sich ebenfalls genöthigt, vor der Wuth des Pöbels die Flucht zu ergreifen, und so fand auf einmal die Turnzeitung und der Vorort eine unerwartete Grenze ihres Wirkens.

XII.

Die Begeisterung, mit welcher der Ruf Lincoln's zu den Waffen, in allen Schichten der Bevölkerung des Nordens und Westens aufgenommen wurde, fand auch die freudigste Aufnahme und den wärmsten Wiederhall in den Herzen der deutschen Bevölkerung. Die Unterdrückung der Rebellion, und die Erhaltung der Union, bildeten fortan das einzige Ziel, und alle Partheiunterschiede traten vor dieser einen Frage in den Hintergrund. Die Turner an allen Orten gehörten zu den Ersten, welche dem Aufrufe Lincoln's folgten und sich in die Reihen des Unionsheeres einmustern ließen, einzeln, oder wo die Stärke des Vereins es gestattete, in Compagnien. Ja, es konnte sogar, wie es in New York und Umgegend der Fall war, ein vollständiges Regiment, der Mehrzahl nach aus Turnern bestehend, organisirt werden, im Zeitraum weniger Tage.

Es gab wohl keinen Turnverein in den Ver. Staaten, der nicht einen Theil seiner Mitglieder auf den Kampfplatz sandte, und unter ihnen oft die fähigsten und bewährtesten Kräfte. Die Turnplätze entvölkerten sich, alle Thätigkeit auf turnerischem Felde wurde eingestellt, oder beschränkte sich hauptsächlich auf die Unterstützung der im Felde weilenden Turngenossen. Viele Vereine verloren über die Hälfte ihrer Mitglieder und waren kaum im Stande, ihre Vereinsorganisation während der Dauer des Krieges aufrecht zu erhalten; eine nicht geringe Anzahl lösten sich gänzlich auf, oder entbanden ihre Mitglieder für die Dauer des Kriegszustandes ihrer Pflichten.

Doch nicht nur allein beim Ausbruch der aktiven Feindseligkeiten organisirten sich die Turner zum Schuhe der Union, auch schon früher erboten sich einzelne Vereine mit edler Bereitwilligkeit, die drohende Gefahr erkennend, zum Dienste für die Freiheit und die Gesetze ihres Adoptiv-Vaterlandes. Der Washingtoner Turnverein organisirte sich schon am 9. Januar zu einer Schützen-Compagnie, um die damals schon bedrohte Bundes-Hauptstadt gegen einen etwaigen Handstreich der Secessionisten vertheidigen zu helfen. Joseph Gerhardt war Capitän dieser Compagnie, Friedrich Braun erster, und G. Dilli zweiter Lieutenant. Schon am 11. Januar erfolgte die Anmeldung bei General Scott, doch erst am 11. April erfolgte die Beeidigung der Compagnie, 81 Mann stark.

Von ungleich größerer Bedeutung und Tragweite war der Schritt der St. Louiser Turner, welche bereits am 6. Januar, „als Bürger der Vereinigten Staaten und Einwohner des Staates Missouri," unter ihrem Sprecher, G. A. Finkelnburg, den inhaltschweren Beschluß faßten: „daß sie in der Verfassung der Vereinigten Staaten das beste aller Regierungs-Systeme erkennen, daß sie fest entschlossen sind, niemals von ihren Rechten oder Pflichten als Bürger der Vereinigten Staaten zu weichen, und daß, sollte im Staate Missouri eine Sezessions-Ordinanz entworfen und angenommen werden, sie für schleunige Einsetzung einer provisorischen Regierung für das unionsgetreue County St. Louis, und Anerkennung desselben als Bundesmitglied von Seiten des Congresses seien. Für die Verwirklichung dieses Projektes erklären sie, bereit zu sein, mit Gut und Blut einzustehen, fest überzeugt, daß St. Louis mit seinen eigenen Resourcen und dem Schutze der Bundesregierung,

eine unabhängige Stellung innerhalb der Union erfolgreich behaupten könne." Am 1. Januar faßten sie den weiteren Beschluß, sich als Turnverein aufzulösen und eine militärische Organisation zum Schutze der Union und der Freiheit zu gründen.

Wenn man in Betracht zieht, daß diese Schritte zu einer Zeit geschahen, wo die eigentliche Gefahr, in der das Land schwebte, noch kaum geahnt wurde, und der Norden sich noch in tiefster Ruhe wiegte, so erscheinen sie um so bedeutungsvoller und hochherziger; es waren Schritte der reinsten Begeisterung für die Sache der Freiheit und des edelsten Patriotismus. Die Turner in St. Louis bekamen durch diese Beschlüsse einen schweren Stand, denn ihnen vor Allen galt nun der Haß der Sklavenhalter und Sezessionisten, die umsonst Alles versucht hatten, sie auf ihre Seite zu ziehen. Dagegen sahen die Unionsleute unter den Amerikanern in ihnen ihre zuverlässigste Stütze. Bis zum wirklichen Ausbruche des Kampfes in Missouri, war die Turnhalle das Hauptquartier der unionsfreundlichen Bevölkerung; in ihren Mauern spielte sich ein wichtiges Stück Zeitgeschichte ab, und die Erinnerung an jene ruhmreichen Tage verleiht ihr für alle Zeiten ein erhöhtes Interesse. Wo die Turner noch kurz vorher an den Geräthen sich geübt, oder ihren friedlichen Spielen obgelegen hatten, ertönte jetzt der Klang der Waffen, und als endlich der Aufruf Lincoln's erfolgte, standen drei volle, wohl einexercirte Compagnien Turner zum sofortigen Dienste bereit, dem Feinde Furcht, dem Freunde Vertrauen einflößend; und früh genug bekamen sie Arbeit.

Das von Capt. Lyon befehligte Bundesarsenal von St. Louis war, seiner äußerst schwachen Besatzung wegen, in steter Gefahr, von den Rebellen überrumpelt zu werden. Die Bundesregierung selbst wollte anfänglich nicht gestatten, daß die Besatzung verstärkt würde. Da nun mit dem Falle des Arsenals leicht die ganze Stadt in die Hände der Rebellen hätte fallen können, so erklärten die Turner vor ihrer Einmusterung, daß sie sich auf Nichts einließen, so lange sie nicht nach dem Arsenal gebracht würden. Erst auf die Drohung, nach Illinois aufbrechen zu wollen, gestattete man ihnen dieses, und einzeln oder zu zweien konnten sie sich endlich am 22. April heimlicherweise nach dem Arsenal begeben, um dort in den Dienst der Vereinigten Staaten eingeschworen zu werden.

Es war die höchste Zeit, daß Captain Lyon Verstärkung erhalten hatte. Die Rebellen hatten, kaum zwei Meilen vom Arsenal, ein Lager bezogen, (Camp Jackson), um von dort aus den Feldzug mit der Wegnahme des Arsenals zu beginnen. Doch Lyon und Sigel kamen ihnen zuvor. Am Morgen des 10. Mai versuchten vier deutsche Regimenter, unter ihnen die drei Compagnien der Turner, unter dem Befehle obiger zwei Führer, einen Handstreich vom Arsenal aus gegen das Rebellenlager, der vollständig gelang, indem ohne Blutvergießen alle in demselben befindliche Sezessionisten zu Gefangenen gemacht wurden. Erst auf dem Heimmarsche in den Straßen von St. Louis, kam es zu einem Kampfe, bei welchem Turner Blandowsky, welcher eine Compagnie der Turner befehligte, durch einen Schuß sein Leben verlor. Dieser Handstreich hatte die günstigsten Folgen für die Sache der Union, weil durch ihn St. Louis und Missouri der Union gerettet wurden.

Die drei Turner-Compagnien wurden dem ersten Missouri Regimente einverleibt. Die Intriguen amerikanischer Politiker und Offiziere, welche sich der Führerschaft des Regiments bemächtigt hatten, verleideten jedoch den Turnern den längeren Dienst in diesem Regiment, und anstatt sich als geschlossene Organisation auf 3 Jahre einschwören zu lassen, zogen sie es vor, nach Ablauf der zwei Monate, für welche sie eingeschworen waren, sich nach Gutdünken anderen Regimentern anzuschließen, so daß man beinahe in jedem Regimente des Staates Missouri, und in allen Waffengattungen, St. Louiser Turnern begegnen konnte.

Besonders erwähnenswerth ist noch das siebzehnte Missouri Regiment, welches beinah durchgängig aus Turnern bestand; sogar eine Turner-Compagnie von Philadelphia hatte sich ihm angeschlossen. Das Regiment wurde anfänglich von Oberst Hassendeubel, und nach dem dieser vor Vicksburg gefallen war, von Oberst John F. Cramer kommandirt. Es nahm mit Auszeichnung an einer Reihe von Schlachten, und ebenfalls an dem Zug Sherman's gegen Atlanta, Theil. Sein Verlust betrug 9 Offiziere und 117 Mann.

Der Turnverein in Leavenworth hatte ebenfalls eine Compagnie zum Unionsheere gestellt. Dieser Verein hatte bereits einige Jahre vorher an den Kämpfen der Freibodenleute gegen die Missouri Grenzstrolche in Kansas rühmlichen Antheil genommen.

Nicht minder blieben die Turner in Cincinnati ihrem Rufe treu, und sammelten sich in Masse um das Banner der Freiheit. Die Veteranenliste dieses Vereins weist über 200 Namen auf, die sich bei dem ersten Aufrufe auf drei Jahre einschwören ließen. Ueber die Hälfte dieser traten dem 9. Ohio-Regiment (auch das erste deutsche Ohio-Regiment genannt) bei, ein Regiment, welches unter seinem tapferen Oberst, McCook, sich in zahlreichen Schlachten mit unsterblichem Ruhme, und den deutschen Namen mit Ehre bedeckte. Außer obigen, ließen sich noch 67 für 3 Monats-Dienst einmustern, so daß von diesem Verein auch thatsächlich über die Hälfte der Mitglieder sich aktiv am Kampfe betheiligten.

New York mit seinen zahlreichen Nachbarstädten, in welchen sich überall Turnvereine befanden, bot die günstigste Gelegenheit, für den aktiven Dienst eine größere turnerische Organisation in's Leben zu rufen. Man hatte sich dort seit längerer Zeit zu einer Turnfahrt nach Deutschland gerüstet, die ohne Zweifel in großem Maßstabe zu Stande gekommen wäre, da ein Dampfschiff zu dem Zwecke bereits engagirt, und eine zahlreiche Betheiligung auswärtiger Turner gesichert war, wenn die mittlerweile sich so bedenklich gestaltenden Verhältnisse hier, nicht einen Strich durch das Unternehmen gemacht, und das Reiseziel der Turnfahrt, anstatt nach den gastlichen Gestaden des alten Vaterlandes, nach den Schlachtfeldern Virginien's gelenkt hätten.

Am 12. April erließ der Sprecher des New Yorker Turn-Verein's, Rudolph Kluckhuhn, einen Aufruf, in welchem die Turner New York's und der Umgegend zu den Waffen gerufen wurden. Der Erfolg bewies, daß die Bedenklichkeiten, die man Anfangs hinsichtlich der Möglichkeit der Gründung eines ganzen Regiments hegte, ungerechtfertigt waren, denn von allen Seiten wurden Mannschaften angemeldet, so daß man wohl eine ganze Brigade hätte organisiren können, wenn die damit verbundenen Schwierigkeiten nicht derart gewesen wären, daß man davon abstehen mußte. New York stellte gegen drei Compagnien, Williamsburg zwei, Newark eine. Beinahe alle größeren Städte am Hudson, selbst im Innern des Staates, sogar Boston, stellten Mannschaften zu diesem Regimente, das in jeder Beziehung eines der tüchtigsten zu werden versprach, und für dessen Zustandekommen und Schicksale nicht nur die Turner, sondern alle Schichten der deutschen Bevölkerung ein lebhaftes Interesse hegten und bewahrten.

Die Turner Rudolph Kluckhuhn, Karl Lorch, E. Otto Bernet, (New York), Engelbert Schnepf, (Williamsburg), und L. Meyer, (Newark), machten sich besonders um die Organisation verdient, und haben sich diese Männer dadurch in den Herzen aller Turner ein bleibendes Denkmal erworben.

Am 3. Mai wurde das Regiment 1200 Mann stark, für zwei Jahre in den Dienst des Staates New York, und am 6. desselben Mts. in den Dienst der Ver. Staaten eingeschworen. Am 13. Juni wurde es unter dem Befehle des Obersten Max Weber, nach Fortreß Monroe eingeschickt.

Bei der Wahl der Offiziere wurden leider mehrfache Mißgriffe gemacht, die sich später in bedenklicher Weise äußerten und vielfach hemmend auf den Geist und die Thatkraft des Regimentes einwirkten. Oberst Max Weber, der zu diesem Posten erwählt wurde, da General Franz Sigel, den man zuerst im Auge hatte, beharrlich ablehnte, und trotz allen Bemühungen, ihn zu gewinnen, dennoch vorzog, seine Stellung in Missouri beizubehalten, war in jeder Beziehung ein Ehrenmann durch und durch, und seine militärische Befähigung und Kenntnisse halten durchaus einen für ihn ehrenvollen Vergleich mit denen der übrigen New Yorker Regiments-Commandeure aus, und dennoch war seine Wahl eine nicht gerade glückliche, da er es nicht verstand, den Geist des Regimentes zu heben und zu beleben, und anstatt den Leuten Vertrauen und Freundschaft entgegen zu bringen, sich von ihnen fern hielt und mit einem Theil des Offizierkorps, das größtentheils aus Nichtturnern bestand, eine Stellung einnahm, wie sie in den stehenden Heeren Europas zwischen Offizieren und Mannschaft am Platze sein mag, in einem Volksheere jedoch, und unter Verhältnissen, wie sie damals bestanden, wo nur der reine Patriotismus die Leute zu den Waffen trieb, nicht gerechtfertigt war. Eine Folge dieses Verfahrens waren Mißhelligkeiten zwischen Offizieren und Mannschaft, und ein gereiztes, ja feindseliges Verhalten beider Theile gegen einander.

Eine entschieden unglückliche Wahl war die des Oberstlieutenant Weiß, dessen später sich herausstellende totale Unfähigkeit, nachdem er durch das Avancement Max Weber's zum Brigade-General das Commando des Regiments erhalten hatte, sich für dasselbe bei mehreren Gelegenheiten geradezu verhängnißvoll erwies. Erst nach der Entfernung dieses Offiziers, als das Commando auf Oberstlieutenant Schnepf überging, und später unter dem Befehle des Oberst von von Vegesack, eines schwedischen Offiziers, fanden diese bedauerlichen Mißstände zum Theil ihr Ende.

Das Regiment nahm nach einem zweimonatlichen Aufenthalte in Camp Hamilton, an der Expedition gegen Fort Hatteras Theil, später, in der Potomac Armee, an dem unglücklichen Feldzuge auf der Halbinsel und vor Richmond, am 17. September 1862 an der Schlacht bei Antietam, bei welcher es besonders einen bedeutenden Verlust an Todten und Verwundeten hatte und sich durch seinen Heldenmuth die allgemeine Anerkennung und einen öffentlichen Dank der Generäle Smith und Franklin erwarb. Das letzte bedeutende Schlachtfeld, auf welchem das Regiment seine Thatkraft bewies, war am 4. Mai 1863, bei Fredericksburg, wo es abermals einen überaus schweren Verlust, gegen 200 Mann, erlitt. Bei seinem gleich darauf erfolgten Abgang von der Armee richtete Brigade-General Th. H. Neil ein Abschiedsschreiben an das Regiment, welches mehr als alles Andere für die Trefflichkeit und bewiesene Tapferkeit desselben spricht.

In diesem Schreiben heißt es:

„An die Offiziere und Soldaten des 20. Regiments, N. Y. S. Vol.

Der Commandeur der Brigade, zu welcher das 20. Regiment gehörte, kann Euch, die Ihr mit ihm dem Feinde gegenüber standet, und die Ihr unter seinen Augen und seinem Commando gekämpft habt, nicht abmarschiren lassen, ohne Euch einzeln und insgesammt seine Billigung und Anerkennung auszudrücken, für die Entbehrungen, welche Ihr ertragen, die Strapazen, welchen Ihr Euch unterzogen, die Gefahren, welche Ihr bestanden, und die Treue, mit welcher Ihr für die Ehre unserer Fahne und den Bestand der Union der Ver. Staaten von Amerika eingetreten seid."

Am 10. Mai 1863 langte das Regiment, 460 Mann stark, in New York wieder an, feierlich empfangen, nicht nur

von den Turnern und Sängern New
Yorks und der Umgegend, sondern von
der ganzen deutschen Bevölkerung. Der
Tod auf dem Schlachtfelde, und Krankheit, Wunden und Gefangenschaft, hatten
schreckliche Lücken in die Reihen gerissen,
und mancher brave Turner, einst der
Stolz seines Vereins, hatte seinen Heldenmuth und seine Liebe zur Freiheit mit
dem Tode besiegelt.

In dem Offizierkorps des heimgekehr-
ten Regiments befanden sich folgende,
auch in weiteren Kreisen bekannte Turner:

Engelbert Schnepf, Oberst-Lieutenant.
Lorenz Meyer, Major.
Karl Lorch, Adjutant.
Und die Kapitäne Kluckhuhn, Ben-
necke, Klöber, u. s. w.

Die im Jahre 1865 von dem damaligen Vororte erhobene Statistik giebt den
Beleg, daß außer obigen Vereinen, auch
andere eine zu ihrer Stärke unverhältnißmäßig große Anzahl ihrer Mitglieder
in den Kampf sandten. Milwaukee
hatte bei seiner derzeitigen Mitgliederzahl
von 188, 115 Unionskämpfer. Die Vereine Chicago's, unter 288 Mitgliedern
138. In vielen Vereinen erreicht die
Zahl ein Drittel bis zur Hälfte der Mitglieder, und es darf als eine unbestrittene
Thatsache betrachtet werden, daß 40 bis
50 Prozent aller waffenfähigen Turner
dem Rufe für's neue Vaterland Folge
geleistet hatten.

Die Turnerei hatte in Amerika ihre
Bluttaufe erhalten, und die Probe glän-
zend bestanden. Mochte auch der alte
Turnerbund unter den unglückseligen
Verhältnissen, für eine Zeitlang seine
Existenz verlieren; mochten auch viele
Turner der Ungunst der Zeit zum Opfer
fallen; mochte auch die Turnerei zeit-
weilig darnieder liegen, die nun mit Blut
getränkte Saat schoß frisch und lustig
wieder empor, sobald sich die erste Gelegenheit des Keimens wieder darbot. Auf
den Ruinen des alten Turnerbundes
wurde ein neues und herrliches Gebäude
errichtet, fester und dauerhafter als das
alte. Mögen ihm die Stürme und
Drangsale erspart bleiben, die in so man-
nichfacher Form der alte Bund zu überwinden hatte, und glücklich und siegreich
bestand. Ehre dem Andenken der Turner, die heimgegangen sind; konnten sie
auch nicht mit ihrem Rath und ihrer
That an der Reorganisation des Bundes
thätig sein, das Saamenkorn, das sie
gelegt und mit ihrem Herzblut tränkten,
blüht und wird Früchte tragen, und ihr
Beispiel wird noch für eine Generation
belebend und hebend auf die Freunde
und Förderer unseres herrlichen Turnwesens einwirken. Deßhalb: Ehre dem
Andenken der im Kampfe heimgegange-
nen Turner.

XIII.

Es lag durchaus nicht im Sinne der
Turner, ihren mühsam geschaffnen Bund,
auf welchen sie, als eine der schönsten
deutschen Schöpfungen auf amerikanischem Boden, mit gerechtem Stolze blicken
durften, trotz allen ihm anhaftenden
Mängeln, so ganz ohne Rettungsversuch,
der Auflösung entgegen treiben zu sehen.
Doch der gute Wille einzelner Vereine und
die in dieser Richtung entfaltete Thätigkeit vieler Turner erwies sich als zu
schwach, gegenüber dem unerbittlichen
Drucke der Zeitverhältnisse und der allgemeinen Lähmung des Vereinsleben während der ersten Jahre des Bürgerkrieges.

Kurze Zeit nach dem Ausbruche der Feindseligkeiten zwischen dem Norden und Süden, richtete der Vorortsverein in Baltimore an alle Bundesvereine das Gesuch, einen neuen Vorort zu wählen, da der alte, in Folge der bereits erwähnten Vorgänge in Baltimore, nicht mehr im Stande sei, die Geschäfte des Bundes zu besorgen und sich aufgelöst habe.

Der Versuch Baltimores, von der Vorortschaft entbunden zu sein, hatte jedoch kein Resultat, da nur wenige Vereine auf die Aufforderung antworteten. In Folge dieses Umstandes erklärte der Verein sich jedoch wieder bereit, die Bundesangelegenheiten besorgen zu wollen, um wenigstens einer gänzlichen Auflösung des Bundes vorzubeugen.

Der Bund hatte nun zwar wieder eine Central-Behörde; doch das einmal gelockerte Band war darum nicht fester geworden, denn nur sehr wenige Vereine traten in geschäftlichen Verkehr mit der neuen Behörde; noch weniger, daß Beiträge oder sonstige Gelder an dieselbe eingeschickt wurde. Alles was durch die Bereitwilligkeit Baltimores erreicht wurde, war, daß man nominell den Bund aufrecht erhielt, in Wirklichkeit hatte sich derselbe jedoch so gut wie aufgelöst.

Ein Jahr später unternahm es der sociale Turnverein in Rochester die noch bestehenden Bundesvereine zu veranlassen, dem bedrängten Bunde zu Hilfe zu eilen, indem er durch ein Circular den Vereinen folgende Fragen vorlegte:

„Sollen wir unter obwaltenden Verhältnissen den Bund aufgeben, um ihn nach Beendigung des Krieges neu zu construiren, oder wollen wir ihn frisch und lebenskräftig zu erhalten suchen, und wie thun wir dieses?"

Die Turnvereine wurden weiter in diesem Circular ersucht, diese Fragen schriftlich an obigen Verein zu beantworten (also mit Umgehung des Vorortsvereins), und zugleich noch ihre Ansicht über folgende Punkte zu äußern:

„1. Wäre es nicht zweckmäßig, wenn der Vorort wenigstens alle Monate eine Art Bulletin in Bundesangelegenheiten versenden würde?

2. Wenn Baltimore ein solches nicht thun kann, sollten wir nicht einen andren Vorort wählen und auf welchen Verein würde Eure Wahl fallen?

3. Wäre es nicht rathsam, die diesen Sommer abzuhaltende Tagsatzung so früh wie möglich zu berufen und nach einem Platze, wo die Delegaten frei und ohne zerstreuende Einflüsse berathen können?"

Dieses Circular, sowie eines vom Vororte selbst, welches derselbe im Mai 1862 an die Bundesvereine versandte, mit der Anfrage, ob eine Tagsatzung überhaupt bei den Zeitverhältnissen rathsam sei, fanden kaum noch Beachtung bei den Vereinen; auf Letzteres liefen nur 13 Antworten ein, von welchen 6 zu einer Reorganisation des Bundes riethen, unter ihnen Chicago, welches den Vorschlag machte, den socialen Turnverein in Rochester mit der provisorischen Vorortschaft zu betrauen; die übrigen erklärten sich gegen eine Tagsatzung; unter ihnen St. Louis, Cincinnati und Milwaukee.

Unter bewandten Umständen konnte natürlich von einer Tagsatzung und einer Reorganisation des Bundes nicht die Rede sein. Ein im August 1863 veröffentlichtes Rundschreiben des Vororts, in welchem er die Nichtberufung einer Tagsatzung zu rechtfertigen sucht und die Wiedererweckung des Bundes erst nach

Beendigung des Krieges für angemessen hält, war vor der Hand die letzte offizielle Kundgebung dieser Behörde.

Im Februar 1864 unternahm es der St. Louiser Turnverein eine Reorganisation des Bundes zu versuchen, indem er dem Baltimore Verein die Aufforderung zugehen ließ, die nöthigen Schritte dazu einzuleiten; der Verein erklärte zugleich als seinen Willen, daß, wenn von Seiten Baltimores die Angelegenheit nicht in die Hand genommen würde, er eine engere Verbindung der westlichen Turnvereine zu Stande zu bringen suchen werde.

Obgleich Baltimore auf die Aufforderung von St. Louis keine offizielle Kundgebung machte, war der Plan, eine Verbindung der westlichen Vereine herzustellen, dennoch unnöthig, da bereits von einer Seite der Grund zu einer neuen Organisation gelegt worden war, von welcher man es am wenigsten erwartet hatte, und Schritte vorbereitet wurden, den Bund wieder ins Leben zu rufen.

Am 8. Februar 1863 gründeten die Vereine von New York und Umgegend eine engere Verbindung unter den Namen „New Yorker Turnbezirks-Verband". Förderung des deutschen Turnwesens war der zunächst ausgesprochene Zweck. Zwölf Vereine schlossen sich diesem Bezirke an, um dessen Gründung sich hauptsächlich Louis Schneider (später Vorortsmitglied, gestorben im Herbste 1866), verdient gemacht hatte. Der Bezirk hatte 893 Mitglieder, worunter 379 aktive Turner und 657 Turnschüler.

Durch einen hauptsächlich, in turnerischer Beziehung tüchtigen Zuwachs von Deutschland, wo das Turnwesen ebenfalls wieder zu einem neuen Aufschwung gelangt war, hatte der Turnbetrieb in den größeren Vereinen dieses Bezirks wieder neue Blüthen getrieben. Hauptsächlich war es Turnlehrer Wilhelm Heeseler, ein Schüler der Klug'schen Turnanstalt in Berlin, welcher für eine Reihe von Jahren auf diesem Felde mit gutem Erfolge thätig war (und noch ist) und mit der Unterstützung andrer bewährter Kräfte, das Schulturnen, gegen welches in früherer Zeit so häufig gesündigt worden war, und dem sogenannten „Kunstturnen" hintenangesetzt wurde, nach und nach zur Geltung und Anerkennung brachte.

Nachdem dieser „Bezirksverband" in so weit festen Boden gewonnen hatte, daß er daran denken konnte, auch nach Außen hin seine Thätigkeit zu richten, glaubte er den Versuch wagen zu dürfen, einen neuen Turnerbund in's Leben zu rufen. Das geeignetste Mittel schien ihm ein allgemeines Turnfest, wozu alle Turnvereine eingeladen werden sollten, Delegaten zu senden, um bei dieser Gelegenheit die Sache zu besprechen. Er beauftragte zu diesem Zwecke, den New Yorker Turnverein ein derartiges Fest in größerem Maaßstabe zu veranstalten. Bereitwillig unterzog sich dieser Verein der Aufgabe und erließ an alle Turnvereine der Union eine Einladung mit Angabe des besonderen Zweckes, welche allenthalben die herzlichste Billigung und Aufnahme fand.

Meist alle größeren Vereine des Ostens und Westens waren bei diesem Feste, welches vom 10. bis 15. September 1864 stattfand, vertreten. In seinen Resultaten übertraf dasselbe alle Erwartungen des New Yorker Bezirkes, indem die Mehrheit der auswärtigen Delegaten, anstatt die Gründung eines neuen Bundes nur in Berathung zu ziehen, erklärten, den Turnerbund sofort auf's Neue organisiren zu wollen.

In der Vorversammlung am Sonntag, den 11., wurde den anwesenden Turnern durch den Sprecher des New Yorker
Turnvereins, H. Metzner, der eigentliche
Zweck des Festes mitgetheilt, und unter
Hinweis auf die Organisation des New
Yorker Turnbezirkes die Frage unterbreitet, ob es nicht möglich sei, ähnliche Or-
ganisationen zur Hebung des Turnwesens
im ganzen Gebiete der Ver. Staaten zu
gründen. Nach einer längeren und eingehenden Debatte wurde ein Committee
ernannt, um einen Organisationsplan zu
entwerfen. Dieses Committee bestand
aus den Turnern: Peterson, Williamsburg, Stiefel, St. Louis, Metzner, Merz
und Heintz aus New York, Conrad,
Pittsburg; Schneider, Bloomingdale,
N. Y.; Lange, Brooklyn; Bühler,
Georgetown Felting, Hartford; Trott,
Worcester; Voßnack und Knappe, Boston;
Siegel, New Haven; Faust, Trenton,
und Bertsch und Stecher, Cincinnati.

Das Committee einigte sich schnell über
eine Vorlage, welche in einer am Dienstag, den 13., abgehaltenen Versammlung
von den Turnern angenommen wurde.
Dieselbe enthielt folgende 3 Punkte:

1. Eine Versammlung von Delegaten
   aller beim Feste vertretenen Vereine
   auf Mittwoch, den 14. September,
   einzuberufen, und dieser Versammlung die Rechte einer Tagsatzung zu
   geben, sowie alle Beschlüsse bindend
   zu erachten, welche zur Gründung
   eines Turnerbundes gefaßt werden.
2. Vereine können für je 50 ihrer Mitglieder oder einer Majorität von
   50 einen Delegaten oder eine Stimme
   bei dieser Tagsatzung beanspruchen.
3. Die Vereine, welche dem Turnerbunde beitreten wollen, organisiren
   sich als Turnbezirke nach dem Bei-

spiele des New Yorker Turnbezirks.

34 Vereine mit 75 Stimmen waren
bei dieser an obengenanntem Tage abgehaltenen Tagsatzung vertreten. H.
Metzner fungirte als Vorsitzender. Die
Platform des alten Bundes wurde wieder
bestätigt und die Organisation von Bezirken beschlossen.

Der Bund erhielt den Namen „Amerikanischer Turnerbund". Die
Wahl eines provisorischen „Centralaus-
schusses" wurde dem New Yorker Bezirk
übertragen und dessen Amtszeit auf 6
Monate festgesetzt. Unter den gefaßten
Beschlüssen sind besonders noch hervorzuheben:

1. Die finanziellen Angelegenheiten des
   alten Bundes zu übernehmen und
   zu ordnen, und soll sich der Central-
   Ausschuß mit dem Vorort in Baltimore betreffs dieser Angelegenheit
   in Verbindung setzen.
2. Der Central-Ausschuß soll die offiziellen Bekanntmachungen und Berichte in einer von ihm zu wählen-
   den Zeitung veröffentlichen.

   (Die New Yorker Arbeiterzeitung
   wurde vom Central-Ausschuß zu diesem Zwecke bestimmt.)

Der jährliche Beitrag wurde für's
Erste auf $1 für jede Bundesstimme fest-
gesetzt.

Mit großem Jubel wurde das Resultat
der Tagsatzung von den beim Feste anwesenden Turnern entgegen genommen.
Ein lang gehegter Wunsch war nun wieder in Erfüllung gegangen, indem die
Turnerschaft auf's Neue, und, wie zu erwarten stand, auf einer gesunden Grundlage vereinigt war; daß dieser Jubel
nicht vergebens, und die Hoffnung keine
eitle war, die man an dieses Fest knüpfte,

das beweist der Fortschritt, den die Turnerei seit jenem Feste gemacht hat und der heutige Stand unseres Bundes.

Auch in anderer Beziehung darf das Fest zu den erfolgreichen gezählt werden, indem es, trotz des sehr ungünstigen Wetters, doch einen allseitig befriedigenden Verlauf nahm, und auch viele seiner Vorgänger hinsichtlich seines Arrangements in den Schatten stellte.

Zum ersten Male gelang es bei diesem Feste, Massen-Freiübungen in würdiger Weise zur Ausführung zu bringen und denselben ein geordnetes Riegenturnen folgen zu lassen. Die Zahl der Theilnehmer am Preisturnen war zwar geringer als bei früheren Bundesfesten, doch ließen die Leistungen schon erkennen, daß dem Turnen wieder etwas mehr Aufmerksamkeit geschenkt wurde.

Preise in den verschiedenen Wettkämpfen erhielten:

Im Turnen: Scholl von Boston.
Peterson, Williamsburg.
Tröster, Albany.
Fritz, New York.
Krehbiel, New York.
Malzacker, Chicago.
Fried, New York.
Bühler, =

Im Fechten: Friedrich und Rosenbaum, New York.
Im Wettlaufen: Krehbiel, New York.
Im Hochsprung: Murrmann, Williamsburg.
Im Weitsprung: Krehbiel, New York.
Im Schießen: Jacob Heintz, New York.
Im Singen: Turnerliedertafel, New York.

Außerdem erhielt Gieß von Chicago, der in der Schlacht von Gettysburg ein

Bein verloren hatte, für seine Leistungen im Turnen einen Ehrenpreis.

Die Wahl des Central-Ausschusses fand schon am 21. September statt und hatte folgendes Resultat:

S. Spitzer, 1. Sprecher.
H. Metzner, 2. =
J. Heintz, corresp. Schriftführer.
L. Schneider, prot. =
Chas Naeher, Schatzmeister.
W. Heeseler, Beisitzer.
J. Meinhard, =
A. Grüneberg, =
Eb. Müller, =
Chas Stier, =
Max Löwenthal =

An die Stelle von Meinhard, welcher schon nach der ersten Sitzung zurücktrat, wurde H. Merz' und an die Stelle von Löwenthal und Näher später Glöckner und C. Lang gewählt.

Mit Liebe zur Sache und regem Eifer übernahm der Central-Ausschuß die Leitung des Bundes. Sein Hauptaugenmerk richtete er natürlich zuerst auf die Gründung neuer Turnbezirke und zunächst dann auf die Ordnung der alten Bundes-Angelegenheiten. So glücklich er auf dem ersteren Felde war, denn allenthalben folgten die Turnvereine dem neuen Rufe und trafen Vorbereitungen zum Anschluß an den Bund, so wenig erfolgreich war er in der zweiten Angelegenheit, und es hätte wohl nicht viel gefehlt, so hätten neue Zwistigkeiten das junge Pflänzchen schon im Keime wieder erstickt. Doch Dank dem festen Willen des Central-Ausschusses, Alles zu vermeiden, was auf's Neue die Gemüther erregen könnte, und entschlossen, unter allen Umständen eine Einigung zu erzielen, die Gefahr wurde beseitigt, ohne irgend welche Nachtheile für den Bund gehabt zu haben.

Der Vorort in Baltimore erkannte die urprovisirte Tagsatzung in New York nicht als eine rechtmäßige an, und sah sich deshalb auch nicht veranlaßt, das noch vorhandene Eigenthum und die Geschäftsbücher des alten Bundes abzuliefern.

Zu diesem Verfahren war er jedenfalls insofern berechtigt, als er sich noch als Vorort und den alten Turnerbund als nicht aufgelöst betrachtete. Die in New York tagenden Vereine thaten aber entschieden das Letztere, und ihr Beschluß, die Schulden des alten Bundes zu übernehmen, hätte allein schon hinreichen dürfen, die Bedenklichkeiten Baltimore's zu heben; das noch vorhandene Eigenthum bestand übrigens nur aus einer Anzahl Copien des Turnbuches von E. Müller und mehreren literarischen Werken, sowie einer großen Parthie Geräth= und Pyramidentafeln, die später an die Vereine unentgeldlich vertheilt wurden.

Unterstützt von einer Anzahl Vereine, die sich der neuen Organisation noch nicht angeschlossen hatten, berief der Vorort in Baltimore eine Tagsatzung auf den dritten April 1865 nach Washington. Der Central=Ausschuß, in der Ueberzeugung, daß es nur der Gelegenheit bedurfte, die Delegaten der Vereine in persönlichen Verkehr zu bringen, um sofort alle Hindernisse zu beseitigen, die einer gänzlichen Einigung im Wege standen, berief ebenfalls auf denselben Tag die Tagsatzung des „Amerikanischen Turnerbundes" nach Washington, obwohl der dortige Verein sich der neuen Organisation noch nicht angeschlossen hatte.

Der Erfolg dieses Schrittes bewies daß die Voraussetzung des Central=Ausschusses und das Vertrauen, welches er dadurch in die Turnerschaft setzte, voll-

kommen gerechtfertigt war, denn es bedurfte wirklich nur des persönlichen Verkehrs der Delegaten in Washington, um sofort alle noch bestehenden Differenzen in wahrhaft brüderlichem Sinne aufzulösen.

Die Organisation der Bezirke hatte während des Halbjahrs bis zu der gemeinschaftlichen Tagsatzung in Washington einen überaus günstigen Verlauf. Es organisirten sich während der Zeit die Bezirke von Cincinnati, West New York, Boston, St. Louis, Connecticut und Milwaukee, und weitere Bezirke waren in Bildung begriffen.

Die neue Bezirkseinrichtung fand allgemeine Billigung und erfreut sich noch heute mit Recht der allgemeinen Unterstützung. Sie bewährte sich vollkommen als eine vortheilhafte und lebensfähige Einrichtung, in welcher thatsächlich die Stärke und das Gedeihen des Bundes, sowie dessen seit einer Reihe von Jahren so gut wie nicht getrübte Einigkeit liegt. Die in der Mitte der 50er Jahre bestehende Kreiseintheilung unterschied sich dadurch von der neuen Einrichtung, daß sie die Vereine nach geographischen Grenzen in Kreise theilte und oft Nachbarvereine, die doch auf einen und denselben Mittelpunkt angewiesen waren, entgegengesetzten Kreisvorständen zuertheilte und eine selbstständige Kreisverwaltung nicht anerkannte, sondern eine solche nur in sehr beschränkter Weise zuließ und diese, gleich bindend für alle Kreise, durch die Tagsatzung feststellte, während die neue Einrichtung den Vereinen gestattete, sich je nach Bedürfniß und Neigung in Bezirke zu gruppiren und was hauptsächlich zur Kräftigung und Belebung des Turnwesens beiträgt, die selbstständige Verwaltung, mit eigener Wahl des Bezirksvororts gestattet.

Ehe die Zeit des halbjährigen Provi-
soriums ablief, hatte der Central-Ausschuß die Genugthuung, der Turnerschaft zu einem Ereigniß zu gratuliren,
für dessen Zustandekommen der Turnerbund seit seinem Bestehen nach besten
Kräften eingestanden war. Es war dieses die Annahme des Amendements zur
Konstitution, im Senat und Kongresse,
die Aufhebung der Sclaverei in den
Ver. Staaten betreffend.

Der „Amerikanische Turnerbund"
war bei der Tagsatzung vom 3. bis 5.
April in Washington mit 7 Bezirken,
welche 46 Vereine mit 2400 Mitgliedern
umfaßten, vertreten, der Central-Ausschuß durch H. Metzner und H. Merz.
Der alte Bund durch die Vorortsmitglieder G. Brude, C. Wisner und W.
Schnaufer, mit 13 Vereinen und circa
1000 Mitgliedern.

Zur festgesetzten Zeit versammelten
sich die Delegaten in zwei verschiedenen
Tagsatzungen, und jede derselben ernannte ein Einigungs-Committee, welches in kurzer Zeit folgende Vorlage
machte.

1. Beibehaltung des auf der Tagsatzung in New York gefaßten Beschlusses, die Uebernahme der alten
   Bundesschuld betreffend.

2. Aufrechthaltung des Beschlusses für
   die Organisation in Bezirken.

3. Zusammentreten sämmtlicher Delegaten zu einer gemeinsamen Tagsatzung, welche durch den Sprecher
   des Washingtoner Turnvereins zur
   Ordnung gerufen wird.

4. Der Bund soll den Namen

„Nordamerikanischer Tur-
           nerbund"
führen.

Diese Vorlage wurde einstimmig angenommen, und somit war ohne Widerspruch schon am Nachmittag des ersten
Tages die Einigung erreicht. Die nun
gemeinschaftlich zusammentretende Tagsatzung organisirte sich unter dem Vorsitze von S. Spitzer, Williamsburg.
A. Voigt von Philadelphia wurde zum
zweiten Vorsitzenden, W. Stängel, Cincinnati, und H. Geck, Rochester, zu
Schriftführern ernannt.

Durch geeignete Beschlüsse wurde die
Ordnung der äußerst schwierigen Finanzverhältnisse festgestellt, sowie zur Hebung
des Turnbetriebs, eine Reihe von praktischen Beschlüssen gefaßt, nach welchen
das Jahn Eiselen'sche Turnsystem als
maßgebend für das Vereinsturnen anzusehen ist. Hinsichtlich eines Bundesorganes wurde die Bestimmung getroffen,
daß die von A. Frey und W. Stängel
in Cincinnati herausgegebene Wochen-
schrift „Unsere Zeit" und die Arbeiterzeitung in New York als Organe des
Bundes anerkannt wurden. Letztere
hörte jedoch bald darauf zu erscheinen
auf; und so blieb das erstere Blatt allein
für diesen Zweck bestimmt; dasselbe
übersiedelte 1867 nach Indianapolis und
ist noch jetzt unter dem Namen „Die Zukunft", herausgegeben von der „Guten-
berg Compagnie", Präsident A. Seiden-
stider, das Organ des Turnerbundes.

Der New Yorker Turnbezirk erhielt
die Vorortschaft abermals und behielt
solche bis zum Jahre 1872. Ein Ver-
trauensvotum wie es wohl selten
einer ähnlichen Körperschaft zu Theil
werden wird und in den früheren Zeiten
des Bundes nie der Fall war. Das erste
wieder zu haltende Bundesfest wurde
nach Cincinnati und die Tagsatzung nach
St. Louis verlegt.

Während der Verhandlungen der Tag=
satzung wurde die endliche Einnahme
von Richmond durch die Unionstruppen
gemeldet, und somit das nahe Ende des
Bürgerkrieges zur Gewißheit gemacht.
Unter dem unbeschreiblichen Jubel, wel=
chen diese Nachricht hervorrief, faßte die
Tagsatzung folgende Beschlüsse auf An=
trag der Delegaten von Baltimore.

„In Anbetracht, daß auf der in
Washington versammelten Tagsatzung,
welche die Reorganisation und Aufer=
stehung des Turnerbundes sämmtlicher
Turn=Vereine der Vereinigten Staaten
zum Ziele hatte und diesen Zweck in
so schöner, befriedigender Weise er=
reicht hat, so glorreiche Nachrichten
vom Kriegsschauplatze eintrafen,
welche das Herz jedes Turner's mit
Freude erfüllen, sei es

Beschlossen, daß die auf der
Tagsatzung versammelten Delegaten
allen Deutschen Amerika's, welche
der Union stets treu geblieben sind,
zu den entscheidenden Erfolgen der
Kämpfe für unsere Union Glück
wünschen; an diesen haben ja die
deutschen Adoptivbürger, insbeson=
dere viele wackere Mitglieder unseres
Bundes, von denen Mancher sein
Herzblut verspritzte, so großen An=
theil; die Delegaten sprechen ferner
mit diesem Glückwunsche die Hoffnung
aus, auf der nächsten Tagsatzung im
Stande zu sein, nicht über Erfolge auf
dem Kriegsschauplatze, sondern über
die wieder hergestellte und friedliche
Union ohne den Schandfleck der Skla=
verei sich freuen zu dürfen.

XIV.

Den neuen Vorort bildeten folgende
Mitglieder des New Yorker Turnbezirks:

S. Spitzer, 1. Sprecher,
F. Fauerbach, 2. „
L. Schneider, prot. Schriftführer,
J. Heintz, corresp. „
H. Merz, Schatzmeister,
Metzner, Heeseler, Stier und Irm=
scher, Beisitzer.

In seiner ersten Sitzung lag ihm lei=
der die traurige Pflicht ob, Beileidsbe=
schlüsse zu fassen über ein Ereigniß, daß
einen Sturm der Entrüstung und das
tiefste Mitgefühl bis an die entferntesten
Grenzen der civilisirten Welt hervorge=
rufen hatte und das Volk der Vereinigten
Staaten auf das Schmerzlichste berührte.
Dieses beklagenswerthe Ereigniß war der
durch Meuchlerhand an dem Präsidenten
Lincoln verübte Mord, welcher kurz nach
der Washingtoner Tagsatzung (14. April)
statt fand und in den Becher der Freude
über die Beendigung der Rebellion und
den wiedergewonnenen Frieden den bitt=
ren Tropfen der tiefsten Trauer goß.

Neben dem Bestreben, der Organisa=
tion neuer Bezirke möglichst Vorschub zu
leisten und den Bund nach Innen zu
stärken, versuchte der Vorort, und zwar
mit Erfolg, die Thätigkeit in den ver=
schiedenen Fächern turnerischen Strebens
auf's Neue zu beleben und in systemati=
scher Weise zu heben. Sein Augenmerk
richtete er vorzüglich auf die regelmäßige
Erhebung einer genauen Statistik der
Turnvereine, welche in Form von Be=
richten ein klares Bild der Vereinsver=
hältnisse und Zustände, sowie ihrer Thä=
tigkeit und ihres Fort= oder Rückschreitens
veranschaulichen.

Der Turnbetrieb sowohl als das Feld

der Jugenderziehung mußte eine Vervoll=
kommnung und Erweiterung erfahren,
wenn der neue Anlauf, den man mit
Gründung des neuen Bundes gemacht
hatte, nicht im Sande endigen sollte.
Das Vereinsturnen allgemeiner zu ma=
chen und auf eine höhere Stufe zu brin=
gen, entsprechend den Anforderungen der
neueren Zeit, war deßhalb nicht minder
das Bestreben des Vororts und wurde
vorderhand mit Beschaffung anerkannt
tüchtiger Turnwerke, wie Lion's „Leit=
faden" und Ravenstein's „Volksturn=
buch" entsprochen, sowie unausgesetzt An=
regung zur Gründung von Turnschulen
für Knaben und Mädchen gegeben; zu=
gleich auch der Plan zur Gründung einer
Turnlehrer=Bildungsanstalt ausgearbei=
tet, welcher der Tagsatzung in St. Louis
vorgelegt und von dieser genehmigt
wurde.

In der Erziehungsfrage trat besonders
das Nichtvorhandensein geeigneter Schul=
bücher für freisinnige deutsche Schulen
zu Tage. Zur Abhilfe dieses Mangels
trat der Vorort mit einer Anzahl tüchti=
ger Schulmänner in Verbindung und
veranstaltete die Herausgabe einer Serie
deutscher Schulbücher, welche frei von
aller sektionell = religiösen Anschauung,
einzig und allein Humanität, Moral und
die Errungenschaften der modernen Na=
turwissenschaften zur Grundlage haben.

Die Schritte des Vororts in dieser
Richtung fanden ebenfalls die Billigung
der Tagsatzung in St. Louis, und wurde
zur Deckung der ersten Unkosten für dieses
Unternehmen eine Extra=Auflage von
5 Cents von jedem Bundesmitgliede er=
hoben, welche, ungleich früherer Jahre,
bereitwillig und gerne entrichtet wurde.

Minder erfolgreich war der Vorort in
dem Versuche, eine allgemeine Bewaff=
nung in den Turnvereinen einzuführen.
Als unausführbar wurde diese Frage,
obgleich man sie anfangs ziemlich ener=
gisch betrieb, später doch nur in Form
einer Empfehlung den Vereinen unter=
breitet, und schließlich sah man in den
Tagsatzungsbeschlüssen auch davon ab,
da man einsah, daß der stereotype Be=
schluß, nach welchem den Turnvereinen
empfohlen wird, sich in den Waffen zu
üben, von keiner Bedeutung war.

Auch auf politischem Gebiete war der
Vorort thätig, indem er eine Denkschrift
und Petition an den Congreß der Ver=
einigten Staaten verfaßte, in welcher die
verderbliche Politik des Nachfolgers Lin=
colns, Andrew Johnson, hinsichtlich der
Rekonstruktion der Südstaaten einer
strengen Kritik unterworfen und folgende
Maßregeln als Garantien für die Zu=
kunft befürwortet wurden:

1. Die Einheit und Souveränität der
Republik.

2. Gleiche Bürgerrechte und Gleichheit
vor den Gesetzen.

3. Sicherheit der Nationalschuld.

4. Nichtanerkennung der Rebellen=
schuld.

5. Einführung des Schulzwanges.

6. Nationaler Friede und Ruhe durch
gleichheitliches Stimmrecht.

Diese Petition wurde durch die Turn=
vereine in vielen Exemplaren im Publi=
kum zum Unterzeichnen verbreitet und
schließlich mit zahlreichen Unterschriften
versehen, dem Congresse durch Senator
Chas. Sumner vorgelegt. Obgleich sie,
wie viele andre ähnliche Petitionen kei=
nen direkten Einfluß auf den Congreß
in der obigen Frage ausübte, so ist im=
merhin das Zustandekommen derselben
und die ihr gewordene Unterstützung als
ein beachtungswerthes Zeichen der wie=

bererweckten Thätigkeit des Turnerbundes auf dem Felde des Fortschrittes anzusehen, und wurde auch als solches von der bessern Presse des Landes allgemein anerkannt.

Das erste Bundesfest des wiedererstandenen Bundes wurde vom 2. bis 6. September 1865 in Cincinnati gefeiert, und ist besonders bemerkenswerth durch eine mit der Feier verbundene größere Versammlung von Turnlehrern und Turnwarten (Turnlehrer-Congreß), die von der letzten Tagsatzung speziell berufen worden war, um Reformvorschläge, den praktischen Turnbetrieb betreffend, in Berathung zu ziehen.

Die bei dieser Gelegenheit gefaßten Beschlüsse bezogen sich hauptsächlich auf die Einführung geeigneter deutscher Turnbücher, sowie die Begründung eines einheitlichen Systems der Turnübungen. Weniger in den gefaßten Beschlüssen lag der Werth dieser ersten auf amerikanischem Boden gehaltenen Turnlehrerversammlung, sondern vielmehr in der Anregung, die durch die Verhandlungen und Debatten den sehr zahlreich vertretenen Turnlehrern, Turnwarten und Vorturnern gegeben wurde, von denen viele, wenig mehr als eine mehr oder minder große praktische Ausbildung im Turnfache hatten, im theoretischen Felde jedoch, wie es unter den damaligen Verhältnissen kaum anders möglich war, nur sehr ungenügende Kenntnisse besaßen.

Turner Wilhelm Eickhard von Baltimore führte den Vorsitz bei diesem Turnlehrer-Congreß. Friedrich Bertsch von Cincinnati fungirte als Schriftführer.

In mehr als verschwenderischer Weise wurden bei diesem Feste Preise in den verschiedenen Fächern des Turnens vertheilt. Gegen 80 an Erwachsene und

30 an Zöglinge. Von Ersteren erhielten erste Preise: im Gesammt-Turnen F. Medard, St. Louis. Derselbe ebenfalls im Geräthturnen.

Im Hochsprung: Franke, Cincinnati.
„ Weitsprung: Kluer, Terre Haute.
„ Gerwerfen: V. Fröhlig, Cincinnati.
„ Fechten: Fr. Müller, Cincinnati.
„ Bajonetfechten: C. Nabler, Cincinnati.
„ Schießen mit Büchse: J. Bär, Cincinnati.
„ Schießen mit Pistole: D. Schulz, Cincinnati.
„ Deklamiren: C. Höchster, St. Louis.

War der erste Halbjahrsbericht des Vororts, welcher im November 1865 erschien, schon ein günstiger zu nennen, so war es der Jahresbericht, welcher der Tagsatzung in St. Louis vorgelegt wurde, noch in weit größerem Maße, und bewies recht deutlich, daß es nur eines kleinen Anstoßes bedurft hatte, um allenthalben die Turnvereine auf's Neue zu beleben. Der Bund hatte bereits wieder eine achtunggebietende Stärke von 96 Vereinen in 14 Bezirken, mit einer Mitgliederzahl von 6420 erlangt. Ohngefähr 52 Procent davon waren aktive Turner.

Die Bundesstatistik, die von jetzt an in eingehender und gründlicher Weise erhoben und bearbeitet wurde, bringt in dem ersten Jahresbericht noch folgende interessante Punkte über die Bundesverhältnisse: 3505 Mitglieder waren unter und 2855 über 30 Jahre alt. Die verschiedenen Berufsarten waren ohngefähr wie folgt vertreten: Handwerker 3992, Kaufleute 1025, Techniker und Künstler 440, Lehrer, Aerzte und Schriftsteller 240, sonstige Berufsarten 723. Bürger der Vereinigten Staaten waren 4620. Die Mitgliederzahl der verschiedenen Turner= gesangsektionen betrug 633. Die der Fechtsektionen 220. Der Schützen 204. Als Vorturner waren thätig 210. Un= terricht im Turnen erhielten 3325 Kna= ben und 120 Mädchen. 1151 Schüler erhielten Unterricht in Elementarfächern. Eigene Hallen besaßen bereits 25 Ver= eine, das schuldenfreie Eigenthum betrug in Händen von Bundesvereinen 286,130 Dollars. Die Zahl der Bände in den verschiedenen Vereinsbibliotheken war 12,112, darunter waren 258 Turn= schriften. 16 Vereine hatten dramatische Sektionen, 19 eigne Wirthschaften und incorporirt waren 35 Vereine.

Die Finanzen des Bundes befanden sich nicht minder in einem geordneten, wenn auch gerade nicht blühendem Zu= stande. Die vom alten Bunde übernom= menen Verbindlichkeiten waren bereits zum Theil in befriedigender Weise gere= gelt und fanden im folgenden Jahre ihre gänzliche Erledigung.

Die Tagsatzung in St. Louis, welche vom 1. bis 4. April 1866 stattfand, zeichnete sich ganz besonders durch den tiefen Ernst und harmonischen Geist aus, welcher sie beseelte und ihre Beschlüsse trugen wesentlich dazu bei, daß die För= derung einer vernünftigen Jugenderzieh= ung und die Vervollkommnung des Tur= nens als die hauptsächlichsten Ziele des Turnerbundes anerkannt wurden. Nicht nur, daß die darauf bezüglichen Vor= schläge des Vororts, (Schulbücher und Turnlehrerseminar) die Genehmigung der Tagsatzung fanden, auch der Platform wurde ein neuer Passus beigefügt, wel= cher in der ersteren Frage dem Bunde eine bestimmte Stellung anwies. Der Passus lautete:

„Weiter soll es eine Aufgabe dieses Bundes sein, alle Bestrebungen zur Hebung der Volksbildung nach Kräften zu unterstützen, sowie durch Gründung und Förderung guter Schulen einer freien und sittlichen Erziehung der Jugend mög= lichst Vorschub zu leisten."

Vorsitzer dieser Tagsatzung war H. Domschke von Milwaukee, Schriftführer H. Huhn von Washington, Mo.

Die durch die unwürdige Rekonstruk= tionspolitik des Präsidenten, Andrew Johnson, hervorgerufene Aufregung und der Kampf der gegen dieselbe von Seiten der republikanischen Bürger geführt wurde, mußten natürlich auch bei dieser Gelegenheit einen geeigneten Ausbruck finden und waren Veranlassung zu einem geharnischten Proteste gegen das Vor= gehen des Präsidenten und zu einem Me= morial an den Congreß im Sinne der im letzten Jahre an dieselbe Körperschaft ge= sandten Petition. Zugleich wurde dem „wackeren Patrioten" Degener von San Antonio, Texas, der Dank des Bundes für sein furchtloses und patriotisches Auf= treten im Rekonstruktions = Committee jenes Staates ausgedrückt.

Das Bundesturnfest wurde nach Bal= timore, die Tagsatzung nach Boston und der Vorort wieder nach New York verlegt.

Außer der Eröffnung des Turnlehrer= seminars am 29. November 1866, unter Betheiligung von 19 Schülern, ist in diesem Jahre kein Ereigniß von besonde= rer Wichtigkeit auf dem Gebiete der Tur= nerei zu berichten. Dieses und die näch= sten Jahre waren Jahre ruhigen Ent= wickelns und mit voller Befriedigung konnte man schon damals auf das neu= geschaffene Werk blicken, als auf ein Werk, das auf einer sicheren und gesunden Grundlage gebaut war, und dessen ein=

zelne Glieder sich in vollkommener Harmonie zu einander befanden.

Vom 10. bis 13. Juni 1867 fand das Bundesturnfest in Baltimore statt; dasselbe bewies, daß die Agitation der letzten Jahre hinsichtlich der Vervollkommnung des Turnens, nicht vergeblich war, und schon recht ersichtliche Fortschritte gebracht hatte. Nach übereinstimmendem Urtheile aller Festtheilnehmer, die mit dem Turnwesen vertraut waren, wurde bei keinem früheren Feste durchschnittlich beim Preisturnen mit so guter Haltung und Ausdauer geturnt, als bei diesem. Leider mißlang der Versuch, Massenfreiübungen in solcher Weise vorzuführen, wie es unbedingt nothwendig ist, wenn damit ein guter und dauernder Eindruck auf das Publikum erzielt werden soll.

Die Festrede wurde in bekannter gediegener Weise von Wilhelm Rapp gehalten und hatte derselbe durch die Anwesenheit des Professor Barnard, dem Vorsteher des Bureau of education in Washington, passende Gelegenheit, der Aufmerksamkeit zu gedenken, die das deutsche Turnen bei den Amerikanern bereits gefunden hatte. Als Festpräsident fungirte General Franz Sigel, dessen unermüdliche Thätigkeit ebenfalls viel zum Gelingen desselben beitrug.

Die bei dieser Gelegenheit vom Vorort berufene Turnlehrer-Versammlung, bei welcher Fr. Bertsch Vorsitzer und Prof. B. Steffens Schriftführer war, befaßte sich in ihren Berathungen hauptsächlich mit der Frage, betreffs Anstellung von Turnlehrern und der Einrichtung eines Riegen-Wettturnens bei Bundes- und Bezirksfesten. Beide Fragen wurden dem Vororte zur geeigneten Berichterstattung an die nächste Tagsatzung überwiesen. Ein erster praktischer Versuch mit dem Riegen-Wettturnen wurde bei dem Feste selbst noch gemacht und errangen sich die Vorturner Blobel, New York Verein, Fröhlig, Cincinnati Bezirk, Brosius, Wisconsin Bezirk und Decker, Philadelphia Bezirk, besondere Anerkennung für ihre Leistungen.

Aus den verschiedenen turnerischen Wettkämpfen gingen als erste Sieger hervor:

1. Literarische Arbeit. H. Metzner. Das Thema der Preisfrage war: „Die Bedeutung und Aufgabe des Nordamerikanischen Turnerbundes und durch welche Mittel kann er denselben gerecht werden."

2. Deklamation: Heinrich Mösinger, New York.

3. Gesang: Der Turner-Gesangverein Baltimore.

4. Turnen: Philip Bunz, Philadelphia.

5. Ringen: Karl Starke, New York.

6. Gerwerfen: B. Fröhlig, Dayton.

7. Stabspringen: derselbe.

8. Wettlaufen: H. Lindenberg, New York.

9. Hiebfechten: B. Fröhlig, Dayton.

10. Stoßfechten: Emil Rosenbaum, New York.

11. Schießen: Gerh. Woltemade, Washington.

Im November desselben Jahres versuchte der Vorort die Gründung einer politischen Organisation unter dem Namen: „National-Association der Unabhängigen Fortschrittspartei", um bei der im nächsten Jahre stattfindenden Nationalwahl den Einfluß des freisinnigen Elementes besser zur Geltung bringen zu können. Obgleich der Vorort weder verlangte, noch erwartete, daß der Bund als solcher oder die einzelnen Vereine in ihrer

Gesammtheit sich der Organisation anschließen sollte oder würden, so glaubte er doch, daß durch eine politische Organisation aller gleichgesinnten Mitglieder innerhalb der Turnvereine für die Dauer der Präsidentschafts-Campagne, eine Grundlage geschaffen werden könne, auf welcher sich alle Freunde wahren Fortschrittes und vernünftiger Reform vereinigen und ihre Stärke zur Geltung bringen könnten.

Die Platform umfaßte und behandelte alle Fragen der damaligen Politik im Geiste des Fortschrittes und fand die Billigung der gesammten freisinnigen deutschen Presse und Bürger des Landes. In den Turnvereinen selbst jedoch wurden, trotz aller kundgegebener Uebereinstimmung mit den in der Platform niedergelegten Prinzipien, nur schwache Versuche gemacht, der projektirten Organisation Fleisch und Blut zu geben, durch Gründung von Campagne-Clubs im Sinne des vorgeschlagenen Organisationsplanes. Nur von einer Seite, dem New Yorker Turnbezirk, wurde dem Vorort überhaupt Mittheilung gemacht, daß man den Plan gut heiße und unterstützen wolle.

Das Nichtzustandekommen dieses Planes, welcher gewissermaßen dem Turnerbunde zum Kern einer freisinnigen politischen Organisation gemacht hätte, welchen sich alle übrigen Fortschrittselemente anschließen konnten, hatte seinen Grund größtentheils in der Abneigung der meisten Turner, aktiv in die Politik des Landes einzugreifen, indem die Abgabe ihrer Stimme am Wahltage ihnen vollkommen genügend erscheint, zur Erfüllung ihrer Bürgerpflichten. Diese Abneigung theilen diese übrigens leider noch mit dem größten Theile der deutsch-amerikanischen

Bürger, nicht gerade zum Vortheile des Landes. Anderntheils war es auch die gänzliche Gleichgültigkeit, gegen alle politischen Fragen und die Geschicke des Landes, welche bedauerlicher Weise, jetzt nicht minder wie damals, eine nicht geringe Anzahl Turner auszeichnet, die die Hoffnungen des Vororts, in das Zustandekommen der Organisation scheitern ließen, trotz vielseitiger Unterstützung, welche der Plan von Personen und Vereinen außerhalb des Turnerbundes erhielt.

Die Tagsatzung in Boston vom 3. bis 6. Mai 1868 nahm die Idee wieder auf, indem sie auf Grund der vom Vororte aufgestellten Platform, eine Reihe politischer Beschlüsse annahm und diese durch den Vorsitzer des Vororts S. Spitzer, der National-Convention der republikanischen Parthei in Chicago überreichen ließ.

In Folge dieses Schrittes der Tagsatzung traten einige Vereine der Neu-England Staaten und auch des Westens aus dem Bunde aus, doch hatte dieses Ereigniß nicht den geringsten Einfluß auf dessen Bestehen. Die Verhältnisse des Bundes waren eben nicht mehr die von 1856, wo ähnliche Vorkommnisse den Grund so vielfacher Störungen und schließlich dessen Trennung veranlaßt hatten, und nichts konnte gerade mehr die Stärke der neuen Organisation nachweisen, als das Ausscheiden dieser Vereine, in Folge der politischen Haltung des Bundes, da wie gesagt, keinerlei Störung dadurch in dem Bunde eintrat. Die meisten der ausgetretenen Vereine traten auch nach einiger Zeit dem Bunde wieder bei, und so war das alte Verhältniß bald wieder hergestellt.

Der Bericht, welchem der Vorort dieser

Tagſatzung unterbreitete, zeigte ebenfalls eine bedeutende Zunahme von Mitgliedern, durch den Anſchluß neuer Vereine an den Bund, doch konnte auch nicht verhehlt werden, daß die ſchon länger beſtehen en größeren Vereine in bedenklicher Weiſe an Mitgliederzahl abgenommen hatten.

Der Beſtand des Bundes zu der Zeit war 18 Bezirke mit 118 Vereinen und 10,200 Mitgliedern. Die Finanzverhältniſſe hatten ſich ebenfalls ſo günſtig wie nur möglich geſtaltet, ſo daß ohne weitere Auflage die Herausgabe der Schulbücher fortgeſetzt werden konnte, und ſogar von der Auflage von 10 Cents für das Turnlehrerſeminar die Hälfte erlaſſen werden konnte. Das Bundesvermögen hatte wieder eine Höhe von beinahe $2000 erreicht, und beſtand dieſes wirklich in vorhandenem Eigenthum und guten, und nicht wie größtentheils im alten Bunde, in nicht einzutreibenden Ausſtänden.

Der Bericht des Schulbücher Committees des Vororts wieß nach, daß die Serie der Turnerſchulbücher nahezu vollendet war; dieſelbe umfaßte: ein erſtes bis viertes Leſebuch, einen Leitfaden der Weltgeſchichte, Lehrbuch der Geographie und Leitfaden zum ſchriftlichen Rechnen. Die Verfaſſer ſind die Herren Dr. A. Douai, W. Grauert und Joſ. Deghuee, der Verleger iſt Herr E. Steiger. Die Tagſatzung forderte alle Turnvereine auf für möglichſt große Verbreitung dieſer Schulbücher Sorge zu tragen, und erſtattete dem Committee den Dank der Tagſatzung, für die tüchtige Leitung ſeiner Geſchäfte. Mitglieder dieſes Committees waren und ſind jetzt noch S. Spitzer, H. Merz und H. Metzner.

Der Bericht über den erſten Curſus des Turnlehrerſeminars lautete ebenfalls ziemlich günſtig, wenn man die derzeitigen ungünſtigen Zeitverhältniſſe und die Neuheit des Unternehmens in Betracht zieht. Der Curſus war ein jährlicher und fanden wöchentlich zwei Turnſtunden und ein Vortrag ſtatt. Zur Prüfung meldeten ſich 9 Mann, von welchen 5 ein Diplom erſter Claſſe, und ſchnell eine Verwendung als Turnlehrer, größtentheils in Vereinen, denen ſie angehörten, erhielten. Der Unterricht im Turnen wurde ertheilt durch Turnlehrer Heeſeler und die Vorträge von den Turnern Dr. H. Balſer, Dr. Julius Hoffmann, Eduard Müller und H. Metzner gehalten. Die Anſtalt leiteten die Turner H. Metzner, K. Eiſler und J. Heintz.

Durch die Vorturnerſchaft des New Yorker Turnvereins wurden der Tagſatzung eine Reihe von Beſtimmungen vorgelegt, über die Abhaltung des Wettriegen= und Preisturnens bei Bundesfeſten, welche ohne Abänderung angenommen wurden und bis in die jüngſte Zeit für alle derartige Gelegenheiten maßgebend blieben. Erſt die letzte Tagſatzung in Rocheſter traf einige weſentliche Abänderungen, welche durch die Erfahrungen der neueren Zeit bedingt wurden.

In der Erhebung der Bundesbeiträge traf die Tagſatzung die Beſtimmung, daß dieſelbe nicht, wie ſeither, per Stimme, ſondern per Mitglied erhoben werde, und ſetzte den jährlichen Beitrag eines Mitgliedes auf 8 Cents feſt.

Die Summe von $250 wurde bewilligt zur Honorirung ſolcher Vorortsbeamten, deren Arbeiten mit zuviel Zeitverluſt verknüpft ſind. Bis dahin waren alle Arbeiten Seitens des Vororts unentgeltlich geſchehen.

Das nächste Bundesturnfest wurde nach Chicago, die Tagsatzung nach Pittsburgh und der Vorort abermals nach New York verlegt.

Alles in Allem genommen, gab diese Tagsatzung, deren Vorsitzer F. Lackner, Chicago und Schriftführer H. Huhn, Washington, Mo., war, abermals ein rühmliches Zeugniß ab, von dem guten Geiste, der die Mitglieder des Bundes beseelte und von dem guten Willen, allen Zweigen des Turnwesens nach Kräften Vorschub zu leisten.

Sämmtliche Mitglieder des Vororts wurden vom New Yorker Bezirk auf's Neue bestätigt, doch übernahm an die Stelle von J. Heintz, H. Metzner das Amt des corresponirenden Schriftführers.

Die Beamten der Tagsatzung in Pittsburgh waren F. Lackner, Chicago, Vorsitzer, R. Fellmann, Baltimore, Schriftführer.

Beinahe sämmtliche Mitglieder des alten Vororts wurden auf's Neue in ihren Aemtern bestätigt. S. D. Sewards übernahm die Stelle des protokolirenden Schriftführers.

Der Ausbruch des deutsch-französischen Krieges, dem von vielen Seiten diesseits des Oceans mit Bangen entgegengesehen wurde, und der für Deutschland so überaus glänzende Erfolge hatte, gab Veranlassung zu einem patriotischen Aufrufe des Vororts an die Bundesvereine zur Gründung von Hilfsvereinen „für Deutschlands heilige Sache" und zur Sammlung von Geldern für die Unterstützung der Verwundeten und der Wittwen und Waisen der Gefallenen. Namhafte Summen wurden von Turnvereinen zu diesem Zwecke aufgebracht und

entweder durch den Vorort an den Ort der Bestimmung abgesandt, oder durch die Vermittlung der zu diesem Zwecke ernannten Committees nach Deutschland übermacht.

XV.

Hand in Hand mit den in Angriff genommenen Reformen auf dem Gebiete des Turnens und des Schulwesens, mußte natürlich auch die geistige Thätigkeit in den Turnvereinen auf eine höhere Stufe zu bringen gesucht werden. An Aufmunterungen und Anregungen Vorträge und Debatten in den Vereinen zu veranstalten, ließ es weder der Vorort, noch die Bezirksvorstände fehlen, und wenn auch nur ein theilweiser Erfolg in dieser Richtung erzielt wurde, da ja jetzt noch die geistige Thätigkeit in den Turnvereinen als ein wunder Punkt betrachtet wird, so muß doch zugestanden werden, daß immerhin ein Fortschritt, wenn auch gerade kein sehr bedeutender, in dieser Beziehung gemacht wurde.

Auf Veranlassung des Vororts unternahmen die Herren Schünemann-Pott und Oskar Gutmann größere Vortragsreisen, und eine namhafte Anzahl Turnvereine trafen Arrangements mit diesen Herren für einen oder mehrere Vorträge. Ein Versuch des Vororts, Professor Karl Vogt für eine Vortragsreise in den Vereinigten Staaten zu gewinnen, scheiterte, da die Vereine die gestellten Bedingungen nicht erfüllen konnten.

Einen nachhaltigen Einfluß auf das Turnwesen hatte das Bundesfest in Chicago vom 7. bis 11. August 1869. Nicht nur, daß die Betheiligung an dem Preisturnen eine sehr bedeutende war, und die

Leistungen der einzelnen Turner alles bei früheren Festen gebotene übertrafen, so machte das Fest auch noch einen guten Eindruck durch sein rein turnerisches Programm und durch die zahlreich besuchten Versammlungen, welche zum Zweck der Förderung eines einheitlichen Turnsystems und einer einheitlichen Turnsprache, sowie zur Besprechung der Förderung geistiger Bestrebungen im Bunde, bei dieser Gelegenheit veranstaltet wurden.

Folgende Turner erhielten bei diesem Feste erste Preise:

1. Literarische Arbeit. Professor H. M. Kettinger, Milwaukee, für beste Bearbeitung des Themas:

„Zu welchen Hoffnungen berechtigen die Bestrebungen des N. A. Turnerbundes in Folge des Einflusses deutschen Turnwesens auf die Volkserziehung?"

und H. Metzner, New York, für den

„Entwurf eines Mustergrundgesetzes für Turnvereine, um durch vereinfachte Leitung im Innern die allgemeine Thätigkeit zu erhöhen."

2. Gerätheturnen. Johann Gloy, Vorwärts-Turnverein, Chicago.

3. Stabspringen. R. Aßmann, New York.

4. Ringen. O. Bolte, New York.

4. Gerwerfen. O. Schiffel, New York.

5. Derselbe mit der Riege des New Yorker Turnvereins den Preis im Wettriegenturnen.

6. Dellamiren. H. Mösinger, New York.

Erfreulich bei diesem Feste war noch das herzliche Zusammenwirken so vieler tüchtiger Kräfte im Turnlehrfache, die sich schon in ihrem engeren Kreise um die Turnsache erhebliche Verdienste erworben hatten, und bei dieser Gelegenheit im persönlichen Verkehr und Meinungsaustausch dem Turnen neue Anregung und Vorschub leisteten, und zugleich den Beweis lieferten, welch' gediegene Kräfte auf diesem Felde dem Bunde bereits zur Verfügung standen. Besonderer Erwähnung verdienen A. Lang und J. Gloy, Chicago, G. Brosius, Milwaukee, K. Anthes, Louisville, H. Blobel, Peoria, W. Heeseler und O. Schiffel, New York, und andere.

Die Statistik für 1869 zeigte einen Rückschritt hinsichtlich der Zahl der Vereine sowohl als der Mitglieder. Trotzdem 25 neue Vereine hinzugetreten waren, hatte der Bund doch einen Verlust von 5 Vereinen und 818 Mitgliedern, und erst das nächste Jahr glich diesen Verlust hinsichtlich der Vereine und annähernd auch den der Mitglieder wieder aus. Erfreulich ist die fortwährende Zunahme der Zahl der Turnschüler und Schülerinnen.

Die Tagsatzung in Pittsburgh vom 29. Mai bis 1. Juni 1870 ist besonders bemerkenswerth durch einige Beschlüsse, in welchen dem Turnerbunde eine entschiedene Stellung angewiesen wurde, gegenüber den Umtrieben, der wieder in gefahrdrohender Weise ihr Haupt erhebenden Partei des Muckerthums und der religiösen Intoleranz, auf welche der Vorort in seinen Jahresbericht besonders aufmerksam gemacht hatte. Diese Beschlüsse lauteten:

„1. Der Turnerbund erklärt sich dagegen, daß Religionssekten in irgend einer Weise von Staats- oder Bundeswegen Begünstigungen erhalten, speziell gegen die Theilung des Schulfonds, gegen die Steuerfreiheit des

Kircheneigenthums und gegen die obligatorische Benutzung irgend eines Sektenbuches in den öffentlichen Schulen.

2. Die Vertretung des Turnerbundes erklärt sich für das Princip des Schulzwanges. Die Mitglieder des Bundes sollen gehalten sein, die Verwirklichung desselben zu fördern.

3. Der Vorort wird beauftragt, ein Manifest im Sinne dieser Beschlüsse zu veröffentlichen."

Die weiteren Beschlüsse dieser Tagsatzung bezogen sich hauptsächlich auf die Einführung einer regelmäßigen Berichterstattung über die geistige Thätigkeit innerhalb der Turnvereine, und die Anordnung belehrender Versammlungen, welche mindestens einmal monatlich in jedem Vereine stattfinden sollen. Weniger von Bedeutung waren die Beschlüsse hinsichtlich des Turnbetriebes, sowie die übrigen Geschäfte, die sich größtentheils auf unwesentliche Abänderungen der Bundesstatuten und Klagesachen beschränkten.

Einen hervorragenden Platz unter letzteren, weil prinzipieller Natur, nahm eine Klage gegen die New Orleans Turngemeinde ein, die bei einer festlichen Gelegenheit in ihrer Halle, bei welcher der Lieutenant-Gouverneur des Staates Louisiana, Oskar J. Dunn, ein Farbiger, durch einige Turner eingeführt worden war, ein Benehmen bekundete, welches nichts weniger als im Einklange mit den in der Platform des Turnerbundes niedergelegten Prinzipien, hinsichtlich der Gleichberechtigung aller Menschen, war und einen Sturm der Entrüstung im ganzen Bunde hervorrief. Zugleich ließ die Turngemeinde diesem Vorgange einige Beschlüsse folgen, in welchen das humane Benehmen der Turner, welche dem

Lieutenant-Gouverneur eingeführt hatten, als vereinsfeindlich und schädlich dargestellt und diese selbst mit einer Klage bedroht wurden.

Nach Bekanntwerden dieser Vorgänge richtete der Vorort sofort eine Forderung an die Turngemeinde, in welcher die vollständige öffentliche Widerrufung obiger Beschlüsse, sowie eine offizielle Erklärung verlangt wurde, in welcher dem Lieutenant-Gouverneur Dunn das Bedauern über besagte Vorgänge ausgedrückt werden sollte, und schließlich die bestimmte Erklärung, daß die Turngemeinde die Platform des Turnerbundes anerkenne und sie zur Richtschnur ihres ferneren Handelns machen wolle.

Da mittlerweile ein Umschwung zum Besseren in der Turngemeinde selbst eingetreten war, durch welche die Mitglieder, die als die Urheber dieser inhumanen Vorgänge und Beschlüsse zu betrachten waren, zu ihrem Austritt aus der Gemeinde genöthigt wurden, so beschränkte die Tagsatzung diese Forderung dahin, daß der einfache Widerruf der Beschlüsse und die Veröffentlichung derselben, sowie die Bekanntmachung der Namen der Ausgetretenen, als genügend erachtet wurde. Die Turngemeinde kam diesem Verlangen bereitwillig nach.

Das Bundesturnfest wurde nach Williamsburgh (Brooklyn E. D.), die nächste Tagsatzung nach Louisville und das Turnlehrerseminar nach Chicago verlegt. Der zweite Cursus letzterer Anstalt war in New York vom 3. Januar bis 2. Juli 1869 abgehalten worden und 5 der Theilnehmer waren mit Diplomen ersten Grades und 3 mit solchen zweiten Grades aus der Prüfung hervorgegangen. Der Vorort blieb im New Yorker Bezirk.

Ein Beschluß der Tagsatzung wies den

Vorort an, die vom ersten bis vierten August 1870 tagende Lehrerconvention zu beschicken. Der Vorort ernannte als Delegaten Prof. Wm. Steffens von Annapolis und die Lehrer L. Klemm, Detroit, und J. Thurm, Williamsburgh, und übergab denselben folgende Instruktionen:

„1. Befürwortung der vom Voro.t herausgegebenen Schulbücher, so daß dieselben als Grundlage des Unterrichts der freisinnigen, deutsch-amerikanischenSchulen empfohlen werden.

2. Dahin zu wirken, daß die Lehrerconvention das deutsche Turnen als unentbehrlich zu einer harmonischen Jugenderziehung anerkennt, und demnach dasselbe als obligatorischen Unterrichtszweig in allen öffentlichen und Privatschulen einzuführen empfiehlt.“

In der Turnfrage beschloß die Convention: 1. dahin zu wirken, daß das Turnen von allen unter ihrem Einflusse stehenden Schulen als obligatorisch anerkannt und im Lehrplan seinen gebührenden Platz finde. 2. Nur solche Turnlehrer anzustellen, welche ein Diplom vom Turnerbunde haben, oder durch einen Bundesverein als tüchtig empfohlen werden, und 3. allen jüngeren Lehrern deutsch-amerikanischer Schulen zu empfehlen, sich Bundesturnvereinen anzuschließen, um sich wenigstens als Vorturner auszubilden.

In der Schulbücherfrage hatten die Delegaten unterlassen, einen Antrag zu stellen. Erst bei dem zweiten Lehrertag in Cincinnati vom 31. Juli bis 3. August 1871 wurde dieser Antrag von den Delegaten des Bundes, F. Thurm, gestellt und ein weiterer dahin zielend, daß dem Turnbetrieb wie jedem andern Lehrfache in den statistischen Berichten des

Lehrerbundes die gleiche Aufmerksamkeit geschenkt werde.

Mit letzterem Antrage bezweckte der Vorort hauptsächlich Kenntniß zu erlangen, ob und wie weit der Lehrerbund die im vorigen Jahre gefaßten Beschlüsse, betreffs des Turnunterrichts ausführen werde. Beide Anträge wurden zur Berichterstattung für das nächste Jahr dem Committee für Lehrmittel überwiesen. Bei dem dritten Lehrertage in Hoboken, N. J., im August 1872, wurde jedoch über diese Anträge von dem betreffenden Committee nicht berichtet, und so sahen die Vertreter des Bundes bei diesem Lehrertage, Spitzer, Merz und Metzner keine Veranlassung, an den Verhandlungen aktiv theilzunehmen.

Unter den bemerkenswerthen Ereignissen auf turnerischen Gebiete im Jahre 1870 ist noch hervorzuheben der rühmliche Kampf des Milwaukee Turnvereins gegen das Muckerthum jener Stadt in der Sonntagsfrage, welcher würdig und siegreich zu Ende geführt wurde und auf's Neue bewies, welchen Einfluß tüchtige Turnvereine im Volksleben und im Interesse des Fortschritts haben können, wenn sie einmüthig und entschlossen im Geiste der Zeit wirken. Ferner noch die beabsichtigte Gründung — eines „Socialen Turnerbundes“ seitens einiger westlichen Turnvereine, die mit der politischen Tendenz des Nordamerikanischen Turnerbundes nicht einverstanden waren. Politik und Religion sollte von den Bestrebungen dieses Bundes ausgeschlossen bleiben. Der Mißerfolg dieses Unternehmens war, bei der unverhältnißmäßig kleinen Zahl sogenannter „unabhängiger Turnvereine“ voraussichtlich, und außer der Absicht, einen neuen Bund in's Leben zu rufen, verlautete wenig mehr über die Angelegenheit in der Oeffentlichkeit.

Das Bundesturnfest in Williams=
burgh vom 5. bis 10. August 1871 stellte
sich dem in Chicago gefeierten hinsichtlich
seines Arrangements und schönen Ver=
laufs würdig an die Seite. Obgleich
beim Preisturnen nicht die Resultate zu
Tage traten wie in Chicago, so wurden
doch anderseits die Massenübungen,
(Freiübungen und Riegenturnen) in hö=
herem Grade als früher zur Geltung ge=
bracht, indem 400 Turner an denselben
bereitwillig Theil nahmen. Auch beim
Wettriegenturnen zeigte sich ein entschie=
dener Fortschritt.

Erste Preise auf diesem Turnfeste er=
hielten:

1. Literarische Arbeit: H. Metzner,
New York, für die Bearbeitung der
Preisfrage: „Der Nordamerikanische
Turnerbund hat durch seine Platform
Verpflichtungen, hinsichtlich der Betheili=
gung an den radikalen Reformen über=
nommen; wie erfüllt er dieselben?"

2. Turnen: Karl Stahl, New York.

3. Gerwerfen: Fr. Probst, Chicago.

4. Stabspringen: C. Lindenthal, New
York, Westseite.

5. Ringen: Th. Letz, Boston.

6. Wettriegenturnen: Chicago Turn=
gemeinde, Vorturner H. Mathern.

7. Stoßfechten: Wm. Stählen, Wil=
liamsburgh.

8. Säbelfechten: Otto Heldt, do.

9. Bayonettfechten: R. Rausch, do.

10. Deklamiren: H. Mösinger, New
York.

Einige Wochen nach dem Turnfeste in
Williamsburgh brach über Chicago jenes
entsetzliche Unglück herein, an welches
man heute noch mit Schaudern zurück=
denkt; ein großer Theil der Stadt war
in Flammen aufgegangen. Tausende

waren obdachlos und unter diesen mehr als
300 Turner mit ihren Angehörigen. Hier
war schnelle Hülfe nothwendig. Schon
kurz nach der ersten Kunde des Unglücks
erließ der Vorort ein Rundschreiben an
alle Bundesvereine, sie auffordernd, wo=
möglich einen Beitrag von einem Dollar
von jedem Mitgliede zu erheben, zur Un=
terstützung der bedrängten Turnbrüder
in Chicago. Bereitwillig wurde diesem
Gesuch von den meisten Vereinen ent=
sprochen und entweder diese Auflage wil=
lig entrichtet, oder durch Kollekten und
festliche Vorstellungen eine Unterstützungs=
summe aufgebracht. Die Summe die
von Turnvereinen dem Turnerunter=
stützungs=Committee übermittelt wurde,
betrug nahezu 12,000 Dollars. +

Wie sehr die Chicago Turngemeinde
diese ihr gewordene Hülfe verdiente, be=
wies sie durch ihr thatkräftiges und ent=
schlossenes Auftreten nach dem sie betrof=
fenem Unglück und ihre unbeugsame
Festigkeit, mit der sie auf den noch rau=
chenden Trümmern ihrer Habe, umringt
von hundertfachen Schwierigkeiten, sofort
den Neubau ihrer Halle in Angriff nahm
und denselben auch schon nach verhältniß=
mäßig kurzer Zeit als eine Zierde der
Stadt und ein würdiges Denkmal tur=
nerischen Schaffens zu Ende führte.

Ende November 1870 erschien endlich
das Manifest, welches zu erlassen der
Vorort von der Tagsatzung in Pitts=
burgh beauftragt war. Die vielbewegte
Zeit, welche in Europa so großartige
Umwälzungen geschaffen und die die Aufmerksamkeit und ganze Theilnahme der
deutsch=amerikanischen Bevölkerung zu=
meist in Anspruch genommen hatten, veranlaßten den Vorort mit der Herausgabe
dieses Manifestes so lange zu warten,
um ihm eine mehr als getheilte Aufmerk=
samkeit zu sichern.

Der Titel des Schriftstückes lautete:
„Die deutsch-amerikanischen Turner an
das amerikanische Volk."

Sein Inhalt bezog sich jedoch nicht
allein auf die Fragen, welche die Tagsatzung hauptsächlich im Auge hatte, sondern erstreckte sich in eingehender und ra-
dikaler Weise auf alle politischen, socialen und religiösen Fragen und Reform-
bestrebungen und suchte dem Turnerbunde
eine bestimmte Stellung denselben gegenüber anzuweisen.

So sehr das Manifest beinah in allen
Punkten die Billigung und Unterstützung der freisinnigen Presse und Bevölkerung des Landes im Allgemeinen, sowie der Turner im Besonderen fand, so
sehr wurde sein Nutzen durch eine heftige
Opposition gegen einen Passus desselben
beeinträchtigt, in welchem der Frauen-
emancipation in entschiedener Weise das
Wort geredet wurde.

Die Opposition gegen diesen Passus
machte sich sogar in Gegenerklärungen
und Protesten vieler Vereine geltend, die
für längere Zeit die Spalten des Bundesorganes füllten. Obgleich der Vorort
ein Recht hatte, die Begründung seiner
Ansicht, hinsichtlich der Stellung der
Frauen, aus der Platform des Bundes
selbst herzuleiten, in welcher ausdrücklich
die Gleichberechtigung aller Menschen anerkannt wird, so war es nichts destowe-
niger ein gewagter Schritt mit dieser
Frage zu einer Zeit vor die Oeffentlichkeit zu treten, in welcher sicher eine Opposition erwartet werden durfte, da die
Frage vor Erlassung des Manifestes
wohl kaum in einer größeren Anzahl
Vereine erwogen worden sein mochte.

In seinem Jahresbericht an die Tagsatzung in Louisville (19. bis 22. Mai
1872) definirte der Vorort seinen Standpunkt in dieser Frage und überließ der
Tagsatzung selbst den endgültigen Entscheid. Dieselbe beschloß hinsichtlich des
Manifestes:

„Die vollkommene Anerkennung
desselben a) in politischer Beziehung,
erklärt jedoch nochmals, daß die Turner, ohne sich an eine politische Partei zu binden, sich stets an eine Partei anschließen werden, deren Grundsätze am Meisten mit der Platform des
Turnerbundes übereinstimmen, und
daß sie sich niemals von Rücksichten
auf Personen beeinflussen lassen, b) in
Bezug auf die Frauenrechtsfrage
mit solchen Aenderungen, daß der betreffende Passus wie folgt lautet:
„Ferner müssen wir Vertheidiger der
Frauenrechte sein, wenn wir unsrem
Programm treu bleiben wollen, in dem
wir versprachen, für die Gleichberechtigung aller Menschen in die Schranken zu treten. Für uns soll die Frau
in jeder Hinsicht eine Gefährtin des
Mannes sein und keine Beschränkung
ihrer Rechte erdulden; wir glauben jedoch, daß in der Beobachtung der durch
die Natur gebotenen Rücksichten auf
die Verschiedenheit der körperlichen und
geistigen Beschaffenheit der Geschlech-
ter, vermöge welchen den Frauen bis
jetzt das Stimmrecht in öffentlichen,
politischen Angelegenheiten vorenthal-
ten ist, keine Rechtsverletzung liegt."

Der statistische Bericht für 1872 zeigte
ebenfalls wieder einen erfreulichen Fortschritt. Die Zahl der Bezirke war bereits auf 27 gestiegen mit 187 Vereinen
und 12,304 Mitgliedern. Nicht minder
erfreulich war der Gewinn, der in allen
Branchen des Vereinslebens nachgewiesen wurde. Durch den erfolgten Anschluß der Vereine von Californien und

Texas war endlich ein lang gehegter Wunsch der Mitglieder des Bundes in Erfüllung gegangen und hatte der Vorort wohl ein Recht, der Tagsatzung in Louisville zu diesem Ereigniß zu gratuliren.

Besonders wichtige Beschlüsse dieser Tagsatzung, deren Vorsitzer Emil Wallber, Milwaukee, und Sekretär R. Fellmann, Baltimore war, waren noch die Bestimmungen 1) über die Aufnahme von nicht deutschen Turnvereinen in den Bund, vorausgesetzt, dieselben erklären sich mit der Platform des Bundes einverstanden und ;verkehren mit Bundes- und Bezirksbeamten in deutscher Sprache. (In Folge dieses Beschlusses trat der Scandinavische Turnverein in Chicago dem Bunde bei) 2) Der Beschluß, daß einem Verein, dem aus der Uebernahme des Bundesturnfestes, durch ungünstige Verhältnisse ein Defizit erwächst, eine Entschädigung bis zum Betrage von 1000 Dollars aus der Bundeskasse werden soll, welche durch eine Extra-Auflage zu decken ist. (Dieser Beschluß war jedoch nur bis zur nächsten Tagsatzung (Rochester 1874) in Kraft und wurde also auch nur ein einziges mal und zwar bei Gelegenheit des Bundesfestes in Cincinnati in Anwendung gebracht.) 3) Ein Beschluß, in welchem, in der Bewegung zur Aenderung der Nationalverfassung durch Einschaltung der Anerkennung eines Gottes, eines Jesus und der Bibel, eine unserer freien Regierung drohende Gefahr erkannt und zugleich gelobt wird, auf das Kräftigste und Entschiedenste dem Versuche zu opponiren.

Der Vorort wurde nach Chicago, das Bundesturnfest nach Cincinnati, die Tagsatzung nach Rochester und das Turnlehrerseminar wieder nach New York verlegt. Der dritte Cursus dieser Anstalt in Chicago hatte kein besonderes günstiges Resultat, da nur eine äußerst schwache Betheiligung stattfand und zudem die Anstalt selbst vor Beendigung des Cursus durch das Feuer aufgelöst wurde.

In folgendem Beschlusse wurde dem abtretenden Vorort und einigen Beamten desselben im Besonderen, für deren langjähriges Wirken die Anerkennung der Tagsatzung ausgesprochen:

Beschlossen, die Tagsatzung hält es für ihre Pflicht, Mitgliedern, welche im Dienste des Bundes und im eifrigen Wirken für die hohen Ziele der Turnerei sich so große Verdienste erworben und so viele persönliche Opfer gebracht und welchen wir hauptsächlich auch zu verdanken haben, daß der wiedervereinigte Turnerbund sich unter sehr schwierigen Verhältnissen zu der jetzigen Achtung gebietenden Stellung empor geschwungen hat, hiemit den herzlichsten Dank auszusprechen, überzeugt, daß das mehrjährige Wirken der Mitglieder des bisherigen Vorortes — insbesondere aber die verdienstvolle Thätigkeit des Bundespräsidenten S. Spitzer, des correspondirenden Sekretärs H. Metzner und des Bundesschatzmeisters H. Merz ihnen eine dankbare Anerkennung und eine freundliche Erinnerung bei allen Turnern und Vereinen sichern wird.

XVI.

Der neuerwählte Vorort in Chicago trat am 1. Juli 1872 sein Amt an. Er bestand aus folgenden Mitgliedern:

Franz Lackner, 1. Sprecher.
Abraham Gottlieb, 2. Sprecher.
Wm. Berblinger, prot. Schriftführer.
Herm. von Langen, corresp. „

Adolph Fürstenberg, Schatzmeister.
Ad. Georg, Karl Lotz, Karl Meyer
und Eg. Oberndorf, Beisitzer.

An die Stelle von Berblinger und von
Langen traten später Arthur Erbe und
Karl Plum. Das Amt des corresp.
Schriftführers übernahm Karl Meyer.

Ein Ereigniß von besonderer Wichtigkeit war die Ankunft des deutschen Ge-
lehrten Dr. Ludwig Büchner und dessen
Vortragsreise durch den Osten und Westen
der Vereinigten Staaten. Dr. Büchner
erschien auf Veranlassung des alten Vorortes, welcher ihn schon seit mehreren
Jahren, Namens des Nordamerikanischen
Turnerbunds, eingeladen hatte. Von
Seiten des New Yorker Turnvereins
wurde er mit einem Fackelzuge und Se-
renade empfangen.

Während seines dreivierteljährigen
Aufenthaltes in den Vereinigten Staaten (vom September 1872 bis Juni 1873)
hielt er in den meisten der bedeutenderen
Städte Vorträge, welche zum größten-
theil von Turnvereinen arrangirt waren.
Circa 25 Vereine waren bei dem Unternehmen betheiligt mit ohngefähr 50 Vorträgen. Die Zahl derselben wäre jedoch
noch eine größere geworden, wenn Dr.
Büchner seine Reise bis nach der Pacific-
küste ausgedehnt hätte, wie es ursprünglich beabsichtigt war.

Obgleich im Ganzen die Vorträge Dr.
Büchners nicht vollkommen und Jeden
befriedigten, so darf doch behauptet werden, daß sie vielfach anregend und bil-
dend wirkten, und neben dem Interesse
für die Bestrebungen auf dem Felde der
Naturwissenschaft und der Aufklärung
den Trieb der Fortbildung belebten und
förderten.

Im April 1873 erließ das Committee
des Vororts für geistige Bestrebungen an
die Bundesvereine einen beachtenswerthen
Aufruf, in welchem die Turner zur erneuten Thätigkeit auf geistigem Felde
angespornt wurden. In diesem Erlasse
finden sich viele beherzigenswerthe und
praktische Winke und Andeutungen neben
einer Anzahl Themas zum Debattiren,
für Vereinsversammlungen.

Vom 26. bis 29. Juni 1873 fand das
Bundesturnfest in Cincinnati statt. Dasselbe, so wie spätere Ereignisse gehören
jedoch so der neuesten Zeit an, daß es
kaum nothwendig sein dürfte, länger bei
ihnen zu verweilen. Erste Preise bei
diesem Feste erhielten:

Im Wettriegenturnen, erste Stufe,
Milwaukee Riege, Vorturner Peter Träumer.

Zweite Stufe, Chicago Riege, Vorturner Wm. Zeller.

Im Geräthturnen, Wm. Medart, St.
Louis.

Im Gerwerfen, Fr. Brosius, Milwaukee.

Im Ringen, Louis Neugaß, Vorwärts,
Chicago.

Im Schießen, F. Fenkler. (?)

Im Dellamiren, H. Rose, Kansas
City.

Bei dieser Gelegenheit möge erwähnt
werden, daß durch eine nachträgliche Entscheidung, die Turnlehrer Glotz, Lang
und Brosius gemeinschaftlich für ihre
Bearbeitung der beim Bundesturnfest in
Williamsburgh schon gestellten Aufgabe
„Uebungsbeispiele und Gruppen für Freiübungen und Geräthturnen" vom Vororte den Preis zuerkannt erhalten hatten.

Der vierte Cursus des Turnlehrerse-
minars, welcher in New York vom 27.
Oktober 1872 bis Mai 1873 abgehalten
wurde, ergab als Resultat, daß 7 der
Theilnehmer Diplome ersten Grades, 4

zweiten Grades und 3 solche als Vortur=
ner erhielten.

Im August 1873 versandte der Vorort
in Chicago seinen ersten Jahresbericht.
Der Bund hatte um 720 Mitglieder und
12 Vereine im letzten Jahre zugenom=
men. In allen Branchen der Vereins=
thätigkeit war ein Fortschritt bemerkbar,
und, auffallender Weise, nicht im eigent=
lichen Turnbetrieb, da die Zahl der akti=
ven Turner einen Verlust von 99 gegen
das Jahr vorher nachwies.

Besonders bemerkenswerth ist dieser
Bericht noch dadurch, daß der Vorort in
ihm Ansichten aussprach über den Be=
stand des Bundes und seine Stellung
dem Amerikanerthume gegenüber, die
nicht nur neu und überraschend waren,
sondern auch manches Bedenken trachrie=
fen, in dem er ein Aufgeben der aus=
schließlich deutschen Richtung, in welcher
sich der Turnerbund bewegte, forderte,
um dessen Wachsthum und Einfluß zu
vergrößern, ohne sich näher darüber aus=
zusprechen, in wie weit er eine Verschmel=
zung der verschiedenen nationalen Ele=
mente in den Turnvereinen für zweck=
dienlich halte.

Bei den Verhandlungen über diese
höchst wichtige Frage während der Tag=
satzung in Rochester stellte es sich jedoch
heraus, daß die mit dem Vorort schein=
bar nicht übereinstimmenden Vereine voll=
kommen mit ihm einverstanden waren,
da der Vorschlag, welchen er in dieser
Beziehung machte, nämlich die Aufhebung
aller beschränkenden Bestimmungen in
den Vereinskonstitutionen, nach welchen
die Aufnahme nicht deutscher Personen
unstatthaft war, von diesen Vereinen be=
reits thatsächlich gehandhabt wurde, da
jedoch in vielen Vereinen noch derartige,
die Aufnahme auf nur deutsche Elemente

beschränkenden Bestimmungen bestanden,
so war die Anregung Seitens des Vor=
orts vollkommen gerechtfertigt, und fand
auch bei der Tagsatzung volle Berücksich=
tigung.

Nur wenige der früheren Tagsatzun=
gen nehmen in der Geschichte des Tur=
nerbundes eine so hervorragende Stelle
ein, als die vom 24. bis 27. Mai d. J.
(1874) in Rochester abgehaltenen. Nicht
nur, daß die Platform und Statuten des
Bundes wesentliche Abänderungen erlit=
ten, wenn auch nicht prinzipieller Natur,
und Beschlüsse gefaßt wurden, die der
ganzen Organisation nach Innen und
Außen, und den einzelnen Bestrebungen,
ein festeres und mehr einheitliches Ge=
präge geben und eine breitere Grundlage
schaffen, auch die von den Delegaten be=
wiesene Hingebung an die Sache der
Turnerei, ihr selbstloses und einmüthiges
Auftreten, und das zu Tage tretende
Verständniß für die Ziele und Bestrebun=
gen des Bundes, lassen erkennen, daß die
Turnerei eine erfolgreiche Zukunft vor
sich hat, und daß sie kein leerer Wahn,
sondern eine Institution ist, die in dem
Bedürfnisse der Zeit wurzelt.

Die Tagsatzung fand unter dem Vor=
sitze von Emil Wallber, Milwaukee, statt.
Als zweiter Vorsitzer fungirte Dr. Wm.
Meisburger, Buffalo, als Sekretäre Jo=
seph Kaufmann, Chicago und J. Hacius,
Toledo.

Die Platform des Bundes erhielt fol=
gende Fassung:

Platform des Nord=Amerikani= schen Turnerbundes.

Wir, die Turner der Vereinigten Staa=
ten von Nord=Amerika, bezwecken durch
die Verbindung unter dem Namen „der
Nord=Amerikanische Turnerbund" uns

gegenseitig in der Heranbildung von körperlich und geistig tüchtigen Menschen zu unterstützen.

Wir erkennen in der Verbreitung von Bildung und in der Pflege von Sittlichkeit die einzigen Mittel zur gründlichen Reform auf socialem, politischem und religiösem Gebiete.

Wir bekämpfen jeden Versuch zur Beschränkung der Gewissensfreiheit, wie aller Rechtsverkürzungen, welche der Vervollkommnung unserer freiheitlichen Institutionen widerstreben.

In folgenden Beschlüssen erklärte die Tagsatzung ihre Stellung gegenüber den politischen Bestrebungen des Landes.

Die Tagsatzung ist der Ueberzeugung, daß in keiner der jetzt bestehenden politischen Partei-Organisationen mit Ernst Reform-Bewegungen auf politischem Gebiete befürwortet werden; außerdem haben sich dieselben des öffentlichen Vertrauens unwürdig gemacht, indem sie krankhafte Auswüchse religiöser und socialer Bestrebungen in ihrer Mitte gestattet und sich dem Fanatismus und der Corruption zu Werkzeugen liehen.

Die Tagsatzung erklärt sich deßhalb entschieden zu Gunsten einer neuen Partheibildung, welche sich vor Allem die Wahrung der persönlichen Freiheit zur Pflicht macht, mit Ernst der öffentlichen Corruption entgegentritt und zeitgemäße Reformen anstrebt.

Nach den Grundsätzen unserer Bundes-Verfassung ist die Kirche vom Staate vollkommen getrennt; der Staat hat deshalb kein Recht, dadurch die Kirche indirect und auf Kosten aller Bürger zu unterstützen, daß er die Kirchen von Steuern befreit; wir machen es deshalb den Turnvereinen zur Pflicht, durch fortdauernde und energische Agitation dahin zu

wirken, daß diese Steuerfreiheit aufgehoben werde.

Der Beschluß, nach welchem eine allgemeinere Ausbreitung des Turnerbundes bezweckt wurde, lautete:

Um den Einfluß des Turnerbundes zu heben, halten wir es für nothwendig, daß auch die nichtdeutschen Elemente, welche uns bisher fern gestanden, zum Beitritt zu den Turnvereinen bewogen werden, vorausgesetzt jedoch, daß die deutsche Sprache in den bestehenden deutschen Vereinen nicht aufgegeben werden soll.

Folgende wichtige Bestimmungen wurden hinsichtlich des Wettriegen- und Preisturnens getroffen:

1. Das Preis-Wettriegen-Turnen in folgende 3 Abtheilungen zu theilen:

Abtheilung I.

Es soll der Erste der Riege die Grundübung und jeder folgende Turner die nächste Entwicklungs-Uebung unter Benennung ausführen.

Abtheilung II.

Hat in bisheriger Weise stattzufinden und zwar so, daß nur der Vorturner der Riege die betreffende Uebung zu entwickeln hat, während die übrigen Riegen-Mitglieder nur nachzuturnen haben.

Diese beiden Abtheilungen haben an den Geräthen Pferd, (Seiten- und Hintersprünge,) Reck und Barren, die von den Preisrichtern bestimmten Uebungen zu entwickeln.

Abtheilung III.

Um solche Vereine, welche sich am Turnen in den genannten ersten zwei Abtheilungen nicht betheiligen können, oder welche vielleicht den Muth nicht haben, mit Jenen ihre Kräfte und Fähigkeiten zu messen, dennoch heranzuziehen und denselben Lust zu machen, den Wettkampf aufzunehmen, soll aus der Mitte der Preisrichter ein Vorturner ernannt werden, welcher jenen Theilnehmern an den Geräthen, Pferd, Reck und Barren je drei Uebungen 1. und 2. Stufe vorzuturnen hat, welche sodann von den Riegen nachzuturnen sind. Die Leistung eines jeden Turners wird von den Turnrichtern notirt und soll die Gesammtsumme der Noten jeder Riege, durch die Zahl der Riegenmitglieder dividirt, entscheiden.

2. Für folgende Uebungen beim Einzeln=Preis=Turnen besondere Preise zu ertheilen:

1. Für Pferdspringen, Reck und Barren zusammengenommen;
2. Frei=Weitspringen;
3. „ Hochspringen;
4. Stabspringen;
5. Gerwerfen;
6. Steinstoßen;
7. Ringen;
8. Klettern;
9. Stoßfechten;
10. Hiebfechten;
11. Wettlaufen;
12. Schwimmen.

3. Daß der Turnplatz 150x250 Fuß groß sein muß.

Zur Hebung des praktischen Turnens wurden folgende Beschlüsse gefaßt:

Beschlossen: a) Das Turnlehrer=Seminar für die nächsten zwei Jahre nach Milwaukee zu verlegen.

b) Außer dem Turnlehrer=Seminar noch in allen Bezirken Vorturnerschulen zu errichten, und zwar nach folgendem Plane:

1. Wo die Lage der Bezirksvereine durch große Entfernungen es nothwendig macht, in jedem Bezirk verschiedene Distrikte zu bilden aus den nächstliegenden Vereinen.

2. Diese Distrikte haben die Pflicht, bestimmte Tage für den praktischen und theoretischen Turnunterricht festzustellen, die regelmäßig einzuhalten sind, und wird namentlich der Sonntag zu diesem Zwecke empfohlen.

3. Jeder Verein, wo die Schule abgehalten wird, hat für die einfache Bewirthung des Lehrers und der Schüler Sorge zu tragen.

4. Der betreffende Lehrer für diese Schule soll angehalten sein, die Uebungen, welche er durchzunehmen gedenkt, den betreffenden Vereinen mindestens drei Wochen vorher zuzusenden.

5. Wir befürworten, daß jeder Bezirk oder Distrikt für anatomische Vorträge, die das Wissenswertheste für den Vorturner enthalten, nach besten Kräften Sorge zu tragen hat.

6. Jeder Bezirk oder Distrikt hat alle Vierteljahr einen genauen statistischen Bericht durch den Bezirksvorstand an den Vorort über die Vorturnerschule einzuliefern, und hat der Vorort in seinem Jahresbericht eine Uebersicht über die Erfolge der Vorturnerschulen zu geten.

Und schließlich hinsichtlich der geistigen Thätigkeit in den Turnvereinen wurde

Beschlossen: Den Bundesvereinen zu empfehlen:

1. Soviel als möglich Einfluß auf die öffentlichen Schulen zu gewinnen und jede Einwirkung, die die freie Führung derselben gefährdet, fern zu halten; ferner alle freien Privatschulen kräftigst zu unterstützen und an Orten, wo keine existiren, solche in's Leben zu rufen außer die öffentlichen Schulen entsprechen allen gerechten Erwartungen.

2. Fortbildungs= resp. Abend= und Sonntagsschulen für junge Leute und Erwachsene zu errichten.

3. Bestimmte Abende, wenigstens einen im Monat, festzusetzen für geistige Ausbildung und an diesen Abenden kurze und populäre Vorträge über wissenschaftliche und besonders über geschichtliche Themata, entweder von den Mitgliedern des Vereins oder von solchen Kräften, die in dem Orte gewonnen werden können, zu arrangiren und Debatten über allgemein interessante Fragen damit zu verbinden.

4. Einen gewissen Prozentsatz ihrer Einkünfte für die Anschaffung von Bibliotheken und Einrichtung von Lesekabinetten festzusetzen und besonders darauf zu sehen, daß nur gediegene Werke angeschafft werden.

5. Die Pflege von Gesang und Deklamation, jedoch in der Weise, daß dieselben dem Hauptzwecke der Turnerei untergeordnet werden.

6. Die Turner dringend zu ersuchen, durch häufige Correspondenzen über turnerische Angelegenheiten im Bundes= und den verschiedenen Bezirks=Organen zur Belebung des allgemeinen Interesses für unsere Bestrebungen Propaganda zu machen.

7. Die Beibehaltung und möglichst strikte Ausführung der Beschlüsse in Betreff der Einreichung von Berichten über die geistige Thätigkeit der verschiedenen Vereine und Bezirke.

8. In Anbetracht, daß es die Bundes= Tagsatzung für nothwendig erachtet, daß sich die Mitglieder in der englischen Sprache zu vervollkomm= nen suchen sollen, um sich im Allgemeinen mehr Geltung zu verschaffen, empfiehlt die Tagsatzung allen Vereinen, energisch versuchen zu wollen, Debattübungen in englischer Sprache geführt, abzuhalten.

9. Daß den Turnvereinen dringend empfohlen werde, die vom Turnerbund herausgegebenen Schulbücher nach Kräften zu verbreiten und für deren Einbringung in die deutsch= amerikanischen Schulen zu wirken.

10. Daß die Preisschriften bei dem nächsten Bundes=Turnfest die folgenden Themata behandeln sollen:

a. Ausarbeitung eines Lehrplans für Bezirks = Vorturner = Schulen im Sinne der von der Tagsatzung passirten, hierauf bezüglichen Beschlüsse.

b. Plan zur systematischen Ueberwachung und zur Beförderung des Gedeihens der deutschen Einwanderung durch den nordamerikanischen Turnerbund.

Durch einen weiteren Beschluß wurde eine Verbindung mit den freien Gemeinden angebahnt, und wurden die Delegaten Burchard und Pfänder mit der Vertretung des Turnerbundes bei der Convention derselben in Sauck City vom 5. bis 7. Juni d. J. betraut; diese Delegation fand dort das herzlichste Entgegenkommen Seitens der Vertreter der freien Gemeinden.

Der Vorort wurde wieder nach Chicago, das Bundesturnfest nach New York und die Tagsatzung nach New Ulm verlegt.

Die jährlichen Bundesbeiträge wurden von 10 auf 15 Cents per Mitglied erhöht, doch tritt diese Erhöhung erst mit dem Jahre 1875 in Kraft.

Die Finanzen des Bundes befanden sich laut Vorortsbericht, Dank der sparsamen und gewissenhaften Verwaltung des Vororts in günstigen Verhältnissen. Bei einem Bundesvermögen von nahezu $3000, einen baaren Kassenbestand von $1720.84. Gewiß ein erfreulicher Fortschritt gegenüber den im alten Bunde herrschenden, trostlosen Finanzzuständen.

Der statistische Bericht zeigt eine Mitgliederzahl von 13,741 in 193 Vereinen und 26 Bezirken. 5273 sind davon aktive Turner, 215 Fechter, 1349 Sänger, 543 Schützen. Bürger der Vereinigten Staaten sind 9393. Turnschüler hatte der Bund 7076. Turnschülerinnen 475. Der Werth des schuldenfreien Eigenthums in Händen von Turnvereinen betrug $1,164,655. Die Zahl der Bände in den verschiedenen Vereinsbibliotheken 29,073. In 102 Vereinen wurden belehrende Versammlungen gehalten und 99 Vereine besitzen eigne Hallen.

Wenn wir einen Blick auf die Geschichte des Turnerbundes zurückwerfen und die kümmerlichen Anfänge in Betracht ziehen, sowie die Schwierigkeiten, die zu überwinden waren, und betrachten die jetzige Stärke des Bundes, so haben wir gewiß keinen Grund, muthlos zu werden oder die Arbeiten der Vergangenheit als verfehlt anzusehen, wenngleich der gemachte Fortschritt nicht mit unsren Wünschen und Erwartungen gleichen Schritt gehalten hat. Das stete Aufblühen der Vereinsturnschulen und die starke Zunahme der Turnschüler und Schülerinnen entschädigt für manche unerfüllte Hoffnung, und zeigt uns deutlich, wo der Schwerpunkt unseres Wirkens liegen muß, um unseren Bestrebungen einen Erfolg zu sichern.

Viel zu diesem Erfolge trägt die immer mehr und mehr zur Geltung kommende Ansicht bei, daß der Turnunterricht nur von wirklichen Turnlehrern mit Nutzen geleitet werden kann. Wenn in früheren Jahren dieser Unterricht beinah gänzlich ohne wissenschaftliche Grundlage betrieben und von Personen geleitet wurde, die nichts weniger als eine Vorbildung für diesen Beruf hatten, so finden wir jetzt schon eine namhafte Anzahl tüchtiger Turnlehrer, in größeren Vereinen angestellt, die besonders für das Fach ausgebildet wurden. Außer den früher schon Genannten, sind hier, als in weiterem Kreise bekannte Turnlehrer noch anzuführen: Ed. Grohe und H. Pirnsch, Chicago Bezirk, P. Träumer, Milwaukee, L. Best, Cleveland, Hauser, Detroit, Karl Stahl, New York, H. Helmbold, Boston, A. Stecher, Cincinnati, Neusche, St. Louis, O. Schissel, Indianapolis und andere.

Doch auch nach Außen hin erfreute sich das deutsche, vom Turnerbunde hier eingeführte Turnen Anerkennung und Unterstützung. So ist dasselbe, außer an zahlreichen Instituten und Lehranstalten, als regelmäßiger Unterrichtszweig an den öffentlichen Schulen in Cleveland (Turnlehrer L. Best) und an der Marineakademie in Annapolis eingeführt; an letzterem Platze unter Turnlehrer M. Strohm, früher Franz Commlossy.

Bei dieser Gelegenheit mögen noch einige literarische Erzeugnisse Erwähnung finden, die innerhalb des Turnerbundes ihr Entstehen fanden. Nämlich das von J. Gloy verfaßte Marschreglement, welches von der letzten Tagsatzung als maßgebend für alle Bundesvereine angenommen wurde und das ungleich größere Werk von A. Lang. 100 Tafeln Abbildungen von Turn-, Fecht- und Pyramidenübungen, welche in 5 Lieferungen erscheinen, von welchen 2 bereits ausgegeben worden sind. Daß Werke, so kostspieliger Art wie das letztere, im Turnerbunde ihr Entstehen finden, darf uns ebenfalls ein Beleg sein, daß die Turnerei auf amerikanischem Boden auf eignen Füßen steht und im ruhigen Fortentwickeln begriffen ist.

Um das Bild der turnerischen Zustände in den Vereinigten Staaten zu vervollständigen, erübrigt es jetzt noch einen Blick auf die Turnvereine zu werfen, die außerhalb des Nordamerikanischen Turnerbundes stehen. Ueber ihre Zahl und Stärke liegen keine statistischen Angaben vor, doch dürfte ihre Zahl wohl kaum 30 bis 35 übersteigen. Dieselben sind größentheils sogenannte „unabhängige" Turnvereine, die unter sich in keiner Verbindung stehen; nur die Vereine im Staate Connecticut machen hiervon eine Ausnahme, indem sie unter den Namen „Connecticut Turnerbund" eine engere Verbindung bis jetzt aufrecht erhielten und gemeinschaftliche Turnfeste und Tagsatzungen abhalten. Zu wiederholten malen gehörte ein Theil der Vereine obiger Verbindung dem Nordamerikanischen Turnerbunde an, doch gab die politische Haltung desselben ihnen immer wieder den Vorwand, ihm den Rücken zu kehren.

Die übrigen unabhängigen Vereine zerfallen in zwei Klassen, wovon die eine ebenfalls wegen einer falschen Auffassung seiner politischen und socialen Bestrebungen dem Turnerbunde fern steht, im Uebrigen jedoch in ihrem Vereinswesen viele Berührungspunkte mit den Bundesvereinen haben und somit, bei Aufhebung obigen Vorurtheils, wesentlich zur Verstärkung des Bundes beitragen könnten; die zweite Klasse jedoch, die Turn- oder gymnastic clubs werden keine tüchtigen Elemente zum Anschluß an den Turnerbund liefern, da in ihnen, obgleich in der Regel durch Jünglinge deutscher Abstammung gegründet, weder deutsche Sprache noch deutscher Turnbrauch eine Stätte gefunden hat, und ihr Zweck lediglich in der Ausübung gymnastischer Künste und der Ausbildung einzelner Spezialitäten besteht.

Obige Uebersicht über die gegenwärtigen Verhältnisse des Bundes und der Turnerei in den Vereinigten Staaten möge den Schluß dieser Arbeit bilden. Wir haben den Turnerbund einen langen und dornenvollen Weg zurücklegen sehen, einen Weg voll Kampf und Mühe, nur selten unterbrochen durch Augenblicke wirklicher Befriedigung, wie sie ein gehabter Erfolg erzeugt, und doch hat er sich durchgearbeitet und steht heute größer, fester und einiger als je da. Was er errungen, ist sein Werk ausschließlich. Nicht eine besondere Gunst der Verhältnisse oder eine bedeutende Unterstützung von Außen, verhalf ihm zu seiner jetzigen Stellung. Nein, Beides mußte er entbehren und nur die sich in allen schwierigen Lagen bewährende Beharrlichkeit und der nie zu erstickende frische und fröhliche Jugendmuth vieler seiner Mitglieder, siegte über alle Hindernisse und Gefahren. Und dieser fröhliche Jugendmuth wird nicht erkalten und den Turnerbund fort treiben auf seiner Bahn und schaffen, daß seine Bestrebungen und Ziele sich verwirklichen und die Segnungen der Turnerei zum Gemeingute des ganzen Volkes werden; deßhalb Bahnfrei!

Berichtigungen.

Seite 3, Spalte 1, 18. Zeile von oben soll heißen: der deutsch-amerikanischen Turnerei anstatt deutsch-amerikanische Turner.

Seite 4, Sp. 2, ist am Schluß des ersten Satzes das Wort: „wird" zwischen „Egoismus" und „nie" einzuschalten.

Seite 9, Sp. 1, am Schluß des zweiten Satzes nach „Festrede" soll ein Punkt und kein Doppelpunkt stehen.

Seite 16, Sp. 2, sollte zwischen den 3. und 4. Satz die Zahl III stehen, vor: „Nach einem Beschluß der Tagsatzung".

Seite 17, Sp. 2, 6. Zeile soll es heißen: „Riegenordnung" anstatt „Ringanordnung".

Seite 18, Sp. 2, 4. Zeile von unten soll es heißen Riegen- anstatt Ring.

Seite 25, Sp. 1, Zeile 19 soll heißen: „und er" anstatt „oder".

Seite 25, Sp. 2, Zeile 15 ist das Wort „den" zu streichen.

Seite 30, Sp. 2, Zeile 2 ist das Wort „einer" zwischen „von" und „Abstimmung" einzuschalten.

Seite 33, Sp. 1, Zeile 4 soll es $750 anstatt $710 heißen.

Seite 35, Sp. 2, ist nach dem ersten Satze hinter „Wiederspruch brachte" die Zahl VI anzubringen.

Seite 43, Sp. 1, Zeile 7 soll es heißen: „Turnzeitung" anstatt Turnerzeitung.

Seite 45, Sp. 2, Zeile 1 soll heißen: „und sich" anstatt „an sich".

Seite 55, Sp. 2, 3. Satz soll es heißen: Nicolaus, Enger, anstatt Nicolaus Enger.

Seite 61, Sp. 1, Zeile 6 von unten soll es heißen: „nur einen örtlichen" anstatt „noch keinen örtlichen".

Seite 64, Sp. 1, Zeile 5 soll heißen: „vielfach" anstatt „vielbach".

Seite 73, Sp. 1, Zeile 9 soll heißen: „stellten" anstatt „stellte".

Seite 74, Sp. 1, Zeile 7 von unten soll heißen: „Turnschulen" anstatt Turnerschulen.

Seite 75, Sp. 1, Zeile 2 soll heißen $12 anstatt $24 und Zeile 5 $130.56 anstatt $142.56.

Seite 78, Sp. 1, Zeile 22 soll heißen: „Januar" anstatt Janur.

Seite 80, Sp. 2, 3. Satz, Schluß soll heißen: „eingeschifft" anstatt eingeschickt.

Seite 91, Sp. 1, Zeile 8 von unten soll heißen: Wilhelm Eckhard anstatt Eickhard.

Seite 96, Sp. 1, müssen die 3 letzten Sätze von „Die Beamten der Tagsatzung in Pittsburgh" an, auf Seite 98, Spalte 2 nach „Der Berort blieb im New Yorker Bezirk" eingeschaltet werden.

Seite 103, Sp. 2, ist nach dem 2. Satze einzuschalten: Für literarische Arbeit (nachträglich ertheilt) Rudolph Wipprecht, New Braunfels, Texas, für die beste Arbeit über das Thema:

„Ist das Prinzip des Schulzwangs vereinbar mit den Grundsätzen republikanischer Freiheit, wie diese in der Constitution der Verein. Staaten niedergelegt sind; und inwiefern werden durch die gesetzliche Einführung desselben die gesellschaftlichen Verhältnisse des Landes in Bezug auf Moral und Bildung gehoben."

Inhalts-Verzeichniß.